Die

Streitwert- und Gerichtsgebührenvorschriften

für das

Neue Nichtehelichenrecht
Erste Gesetz zur Reform des Strafrechts
Gesetz über Ordnungswidrigkeiten

nebst den

sonstigen Änderungen und Ergänzungen

des

Gerichtskostenrechts

(Stand: 1. 1. 1971)

Nachtrag

zum

Kommentar zum Gerichtskostengesetz

von

Hermann Markl

Oberlandesgerichtsrat a. D.

1971

Walter de Gruyter · Berlin · New York

ISBN 3 11 002135 8

VORWORT

Mein Kommentar zum Gerichtskostengesetz, der eine erfreuliche Aufnahme und Beurteilung gefunden hat, erhält in vorliegendem Nachtrag alle bis zum 1. 1. 1971 erfolgten Änderungen und Ergänzungen des Gerichtskostengesetzes, der Justizverwaltungskostenordnung und der Justizbeitreibungsordnung, wie sie das Einführungsgesetz zum Gesetz über Ordnungswidrigkeiten vom 24. 5. 1968 — BGBl. I 503 —, das Gesetz zur Änderung von Vorschriften des Justizkostenrechts vom 28. 12. 1968 — BGBl. I 1458 —, das Erste Gesetz zur Reform des Strafrechts vom 25. 6. 1969 — BGBl. I 645 —, das Gesetz über die rechtliche Stellung der nichtehelichen Kinder vom 19. 8. 1969 — BGBl. I 1243 —, das Kostenermächtigungs-Änderungsgesetz vom 23. 6. 1970 — BGBl. I 805 — und das Gesetz zur Änderung des Rechtspflegergesetzes, des Beurkundungsgesetzes und zur Umwandlung des Offenbarungseides in eine eidesstattliche Versicherung vom 27. 6. 1970 — BGBl. I 911 — gebracht haben. Die geänderten und ergänzten Vorschriften des Gerichtskostengesetzes sind erläutert. Das gilt in ganz besonderem Maße für die *Streitwertvorschriften zu dem neuen Nichtehelichenrecht* des § 13 Abs. 1 GKG n. F. Auch die wichtigen Kostenvorschriften des *Übergangsrechts zum neuen Nichtehelichenrecht und zum Gesetz über Ordnungswidrigkeiten* sind eingehend erörtert, desgleichen *die für die Verwaltungsbehörden geltenden Kostenvorschriften des OWiG.* Mein Kommentar ist durch diesen Nachtrag auf den Stand vom 1. 1. 1971 gebracht. Möge er weiterhin den Lernenden eine Hilfe und Richtern, Rechtspflegern, Kostenbamten, Verwaltungsbeamten und Rechtsanwälten eine Stütze bei der Anwendung des schwierigen Streitwert- und Gerichtskostenrechts sein.

Besonderer Dank gebührt Herrn Ministerialrat Meindl vom Bayerischen Staatsministerium der Justiz, der mir durch Rat und Tat bei der Ausarbeitung des Nachtrags wertvolle Hilfe geleistet hat.

München, den 1. 4. 1971

Hermann Markl

INHALTSÜBERSICHT

1. Zur Ergänzung des Kommentars sind Einklebezettel mit den jeweiligen Hinweisen auf den Nachtragsband beigefügt.

2. Der Nachtrag enthält jeweils ergänzende Erläuterungen zu: Seite

3. Unter GKG a. F. ist das Gerichtskostengesetz i. d. Fassung vom 26. 7. 1957 mit den bis zum 31. 12. 1966 erfolgten Änderungen zu verstehen, wie es Gegestand des Kommentars ist.

   Unter GKG n. F. ist das Gerichtskostengesetz in seiner derzeitigen Fassung gemeint.

   Die Gesetzesänderungen sind durch Fettdruck besonders kenntlich gemacht.

Zu § 11 GKG Anh. § 3 ZPO Anm. 5 (Seite 120 u. 125 des Kommentars):

Nichteheliche Vaterschaft. Da nach dem seit 1. 7. 1970 in Kraft befindlichen NEG — BGBl 1969 I 1243 — nicht mehr die Giltvaterschaft **maßgebend ist,** sondern immer die blutsmäßige Verwandtschaft des nichtehelichen Vaters zum nichtehelichen Kinde festgestellt werden muß, sind nunmehr auch die Verfahren auf Feststellung des Bestehens oder Nichtbestehens der nichtehelichen Vaterschaft nichtvermögensrechtlicher Natur. Ihr Streitwert ist deshalb nach § 14 GKG zu bestimmen. Es sind die gleichen Grundsätze anzuwenden wie bei der Abstammungsklage ehelicher Kinder, s. § 14 Anm. 13, Nachtrag Anm. 13 a, Göppinger FamRZ 70, 167 (169), Mümmler Büro 70, 281 (283). Ist der Rechtsstreit langwierig und besonders schwierig oder sind seine möglichen finanziellen Folgen wegen der aus der Abstammung herzuleitenden vermögensrechtlichen Ansprüche auf Unterhalt und Beteiligung am Nachlaß des Vaters und seiner Verwandten besonders groß, kann der Streitwert erheblich über 3000,— DM liegen, vgl. auch Mümmler Böro 70, 281 (284) und OLG Stuttgart FamRZ 71, 47 L (bei entsprechendem Umfang Regelstreitwert von 3000,— DM).

Zu § 13 GKG n. F. (Seite 4 u. 171 des Kommentars):

§ 13

Wiederkehrende Leistungen

(1) Bei Ansprüchen auf Erfüllung einer gesetzlichen Unterhaltspflicht ist der Jahresbetrag der wiederkehrenden Leistungen maßgebend, wenn nicht der Gesamtbetrag der geforderten Leistungen geringer ist. **Wird auf Leistung des Regelunterhalts geklagt (§§ 642, 642 d der Zivilprozeßordnung), so ist der Jahresbetrag auf der Grundlage ges Regelbedarfs nach freiem Ermessen zu bestimmen.**

(2) Ist in einem Verfahren nach § 627 der Zivilprozeßordnung die Unterhaltspflicht der Ehegatten **oder in einem Verfahren nach § 641 d der Zivilprozeßordnung die Unterhaltspflicht gegenüber einem nichtehelichen Kind** zu regeln, so wird der Wert des Rechts auf Unterhalt nach dem dreimonatigen Bezug berechnet. Im Verfahren nach § 627 b der Zivilprozeßordnung ist der Betrag des sechsmonatigen Bezuges maßgebend.

(3) (unverändert)

(4) (unverändert)

(5) (unverändert)

Zu § 13 GKG n. F. (Seite 173 des Kommentars):

2a *1a) Klage eines nichtehelichen Kindes auf Leistung des Regelunterhalts nebst Zu- und Abschlägen (Abs. 1 S. 2).* Der Absatz 1 Satz 2 wurde durch Artikel 9 des Gesetzes über die rechtliche Stellung der nichtehelichen Kinder vom 19. 8. 1969 — BGBl. I 1243 — (NEG) eingefügt. Er ist seit dem 1. 7. 1970 in Kraft. Für das Übergangsrecht ist in Artikel 12 § 15 NEG (Übergangs- und Schlußvorschriften) eine Sonderregelung getroffen, s. unten Anhang zu § 13 GKG n. F. Art. 12, § 15 Anm. 9 a ff. Nach § 1615 f BGB und § 642 ZPO, beide in der Fassung des NEG, kann seit dem 1. 7. 1970 das nichteheliche Kind seinen Vater auf Leistung des sog. Regelunterhalts verklagen, statt eine Verurteilung zur Zahlung einer bestimmten Geldrente zu verlangen. In letzterem Falle ist Abs. 1 S. 1 maßgebend, während für die Klage auf Leistung des Regelunterhalts Abs. 1 S. 2 gilt und zwar auch dann, wenn in der Klage statt des Regelunterhalts die Zahlung des Regelunterhalts zuzüglich eines Zuschlags oder abzüglich eines Abschlags oder nur die Leistung eines Zuschlags zum Regelunterhalt verlangt wird, etwa dann, wenn bereits ein vollstreckbares Urteil auf Leistung des Regelunterhalts vorliegt, § 642 d ZPO, vgl. auch § 643 a ZPO. Gemäß § 642 d Abs. 2 ZPO sind der Zuschlag oder Abschlag in einem Vomhundertsatz des Regelbedarfs zu bezeichnen. Geschieht das nicht, verlangt z. B. das Kind in der Klage den Regelunterhalt zuzüglich einer in einem bestimmten Betrag festgesetzten Geldrente, so sind für die Klage auf Regelunterhalt Abs. 1 S. 2 und für die Klage auf die bezifferte Geldrente Abs. 1 S. 1 maßgebend. Die sich hiernach ergebenden Streitwerte sind dann zusammenzurechenen; s. im übrigen Anm. 7 a und wegen des Streitwerts des Verfahrens auf Umstellung von vor dem 1. 7. 70 entstandenen Schuldtiteln auf den Regelunterhalt Anm. 9 a ff.

Zu § 13 GKG n. F. (Seite 176 des Kommentars):

7a *6a) Streitwert nach Abs. 1 S. 2.* Bei der Klage auf Regelunterhalt fehlt im Klageantrag die Angabe eines bestimmten Geldbetrages. Die Klage und auch das Urteil lauten nur auf Leistung des Regelunterhalts, § 642 ZPO i. d. F. des NEG, oder auf Leistung des Regelunterhalts und eines Zuschlags oder abzüglich eines Abschlags oder, falls bereits ein Urteil auf Leistung des Regelunterhalts vorliegt, nur auf Leistung eines Zuschlags zum Regelunterhalt, §§ 642 d, 643 a ZPO. Für diesen Fall bestimmt Abs. 1 S. 2, daß der Jahresbetrag auf der Grundlage des Regelbedarfs nach freiem Ermessen zu bestimmen ist. Sollte die Klage auf eine geringere Zeit als die Dauer eines Jahres gerichtet sein, so ist in entsprechender Anwendung von Abs. 1 S. 1

(„wenn nicht der Gesamtbetrag der geforderten Leistungen geringer ist") nur der Jahresteilbetrag nach freiem Ermessen festzusetzen. Was Regelunterhalt und Regelbedarf ist, bestimmt sich nach § 1615 f BGB und den hierzu gemäß § 1615 f Abs. 2 BGB ergangenen und ergehenden Rechtsverordnungen, vgl. die Regelunterhalt-Verordnung vom 27. 6. 1970 — BGBl. I 1010. Gem. § 1615 f Abs. 1 BGB ist *Regelbedarf* der zum Unterhalt eines Kindes, das sich in der Pflege seiner Mutter befindet, bei einfacher Lebenshaltung im Regelfall erforderliche Betrag. Dieser Regelbedarf wird von Zeit zu Zeit durch Rechtsverordnung neu festgesetzt. Er kann nach dem Alter des Kindes und nach den örtlichen Unterschieden in den Lebenshaltungskosten abgestuft werden, § 1615 f Abs. 2 BGB. *Regelunterhalt* ist der Betrag des Regelbedarfs, der sich nach Abrechnung der in § 1615 g BGB genannten Sozialleistungen (Kindergeld, Kinderzuschläge und ähnliche regelmäßig wiederkehrende Geldleistungen, die einem andern als dem Vater zustehen) ergibt. Der Regelunterhalt ohne Zuschläge kann daher nicht höher sein als der Regelbedarf. Er hat die Höhe des Regelbedarfs, wenn im Einzelfall keine Sozialleistungen des § 1615 g BGB abzuziehen sind. Er ist niedriger als der Regelbedarf, wenn Sozialleistungen nach § 1615 g BGB anzurechnen sind. Wie hoch im Einzelfall der Regelunterhaltsanspruch des Kindes ist, wird ziffernmäßig nicht im Klageverfahren nach § 642 ZPO, sondern erst in dem besonderen Beschlußverfahren nach § 642 a ZPO festgesetzt. Da in den Fällen, in denen die Anrechnung von Sozialleistungen nach § 1615 g BGB in Frage steht, der vom Kind geforderte und ihm zustehende Regelunterhalt bei Erhebung der Klage und ihrer Erledigung meist noch nicht ziffernmäßig feststehen wird, soll hier der Streitwert nach freiem Ermessen des Gerichts bestimmt werden. Das gleiche gilt für die Klagen auf Leistung des Regelunterhalts samt eines Zuschlags oder abzüglich eines Abschlags oder für die lediglich auf einen Zuschlag gerichteten Klagen. Gemäß § 642 d Abs. 2 ZPO sind der Zuschlag oder der Abschlag in einem Vomhundertsatz des Regelbedarfs zu bezeichnen, § 1615 f Abs. 1 S. 2, Abs. 2 BGB, § 642 d Abs. 2 ZPO. Da der für die Klage auf Leistung des Regelunterhalts maßgebende Jahresbetrag auf der Grundlage des Regelbedarfs zu bestimmen ist, ist für den Streitwert zunächst der Regelbedarf des klagenden Kindes maßgebend. Es ist daher, falls die Klage den Unterhalt für ein Jahr oder darüber zum Gegenstand hat, zunächst von dem Jahresbetrag auszugehen, der in der Regelunterhaltverordnung für die Altersgruppe des klagenden Kindes als Regelbedarf bestimmt ist. Es ist aber mitzuberücksichtigen, daß das Regelunterhaltsurteil auch die Grundlage für künftige Erhöhungen des Regelbedarfs bildet, die bei Erreichung der für die Erhöhung maßgebenden Altersgrenzen des Kindes (z. Z. Vollendung des 6. und des 12. Lebensjahres) eintreten. Die Tatsache, daß bei einer fortschreitenden Verteuerung der Lebenshaltungskosten in Abständen von einigen Jahren mit neuen Regelunterhaltverordnungen und höheren Regelbedarfssätzen zu rechnen ist, vgl. hierzu § 1615 f Abs. 2 BGB in Verbindung mit Art. 12 § 24 NEG, kann sich auf den Streitwert nur dann auswirken, wenn die Änderung noch im Laufe des Verfahrens eintritt oder unmittelbar bevorsteht. In letzterem Falle kann nach Erhöhung der Regelbedarfssätze eine Streitwertänderung nach § 23 Abs. 1 S. 3, 4 GKG erfolgen. Dagegen kann die Tatsache, daß künftig Änderungen der Regelbedarfssätze allgemein zu erwarten sind, für sich allein noch nicht eine Streitwerterhöhung bewirken. Denn die Änderungen der Regelbedarfssätze sollen ja nur die inzwischen eingetretenen Erhöhungen der Lebenshaltungskosten und die damit verbundene Minderung der Kaufkraft des Geldes ausgleichen, aber zu keiner Wertsteigerung der in der ersten Regelunterhaltverordnung vom 27. 6. 70 — BGBl. I 1010 — festgesetzten Sätze führen. Es sollen vielmehr Regelbedarf, Streitwert und die hieraus sich ergebenden Gebühren in demselben Verhältnis bleiben, wie sie es zum 1. 7. 70, waren, vgl. auch Odersky NEG Art. 9 Nr. 1 Anm. II 2 d.

7b An sich ist ein Titel, der auf 18 Jahre gilt und die Möglichkeit einer mit Erreichung bestimmter Altersgrenzen des Kindes eintretenden Steigerung in sich schließt, mehr wert als ein Titel, der nur für eine kürzere Zeit gilt. Demnach müßte der Streitwert der Klage eines einjährigen Kindes höher sein, als der eines sechzehnjährigen Kindes. Dieser Gesichtspunkt kann aber im Rahmen des § 13 Abs. 1 nicht durchgreifen. Denn hier ist in Satz 1 wie in Satz 2 offenbar aus sozialen Erwägungen im Gegensatz zu § 9 ZPO der Streitwert von vornherein auf den Einjahresbetrag der begehrten wiederkehrenden Leistungen abgestellt. Eine Ermäßigung dieses Streitwerts kommt nach Satz 1 nur in Betracht, wenn der Zeitraum, für den die Leistung begehrt wird, unter der Einjahresgrenze liegt. Das Alter des Kindes kann lediglich bei Bestimmung des für das Kind maßgeblichen Durchschnittsregelunterhalts oder im Falle einer nur kurzen Lebenserwartung des Kindes berücksichtigt werden, Anm. 7 d. Was für Satz 1 gilt, muß auch für Satz 2 gelten. Daran kann es auch nichts ändern, daß sich ein sehr hoher Streitwert ergeben kann, wenn z. B. ein 16jähriges Kind den Regelunterhalt für die Zeit bis zum 18. Lebensjahr und die Rückstände für die Zeit bis zum 16. Lebensjahr geltend macht. Denn im Falle des Absatz 1 Satz 1, also bei Forderung einer bestimmten Geldrente statt des Regelunterhalts, wäre es nicht anders. Aus den gleichen Gründen muß auch das Alter des beklagten Vaters und seine Lebenserwartung grundsätzlich außer Betracht bleiben, wenn von ihm die Leistung des Regelunterhalts auf die Dauer mindestens eines Jahres erwartet werden kann, es sei denn, daß sich sein Alter auf seine wirtschaftliche Leistungsfähigkeit auswirkt, vgl. §§ 1615 h, 1615 i BGB und unten Anm. 7 e.

7c Die regelmäßige obere Grenze des Streitwerts liegt im Jahresbetrag der höchsten Regelbedarsstufe, das ist zur Zeit nach der Regelunterhaltverordnung vom 27. 6. 70 — BGBl. I 1010 — beim zwölffachen Betrag der dritten Stufe von 156,— DM, also bei 1872,— DM. Sie kann — wie oben Anmerkung 7 a dargelegt — überschritten werden, wenn im Einzelfall in absehbarer Zeit eine Erhöhung der Regelbedarfssätze zu erwarten ist. Wird der Regelunterhalt mit einem prozentualen Zuschlag verlangt, so erhöht sich der Streitwert um den zwölffachen Betrag des geforderten Zuschlags.

7d Der Streitwert ist zwar „auf der Grundlage des Regelbedarfs" zu bestimmen. *Streitgegenstand* ist aber nicht der Regelbedarf, sondern der *Regelunterhalt.* Die Höhe des im Einzelfall geschuldeten Regelunterhalts hängt davon ab, ob von dem Regelbedarfsbetrag, der für das Kind nach seinem Alter in der Regelunterhaltverordnung festgelegt ist, Abzüge der in § 1615 g BGB bezeichneten Art zu machen sind. Zutreffenden Falles sind diese Abzüge streitwertmindernd zu werten, ebenso Odersky NEG Art. 9 Nr. 1 Anm. II 2 a. Die Lebenserwartung des Kindes kann sich dann auf den Streitwert mindernd auswirken, wenn mit großer Wahrscheinlichkeit zu befürchten ist, daß es nicht alle nach der Regelunterhaltverordnung für den Regelbedarf vorgesehenen Altersstufen erreichen werde.

Andererseits darf aber nicht verkannt werden, daß sich im Laufe der 18 Jahre, für die der Regelunterhalt zu zahlen ist, Veränderungen ergeben können, die zu einer Erhöhung oder Minderung führen können, Es wäre unbillig, für ein Kind der Altersstufe bis 6 oder bis 12 Jahre als regelmäßigen höchsten Streitwert den Jahresbetrag eines 12- bis 18jährigen Kindes zugrunde zu legen. Es wäre aber auch unbillig, für ein Kind in einer Altersstufe von 1 bis 6 oder 6 bis 12 Jahren nur den Jahresbetrag der betreffenden Altersstufe als Grundlage für den Streitwert zu nehmen. Denn das Regelunterhaltsurteil schließt ja auch den Anspruch auf die späteren Erhöhungen in sich, wenngleich hierfür zusätzliche Kosten nach § 41 a GKG n. F. entstehen können. Hier könnte eine Grundlage für die Streitwertberechnung dadurch gefunden werden, daß für das betreffende Kind der durchschnittliche Regelunterhalt errechnet wird, der ihm für die Zeit bis zur Vollendung des 18. Lebensjahres nach den jeweils geltenden Regelunterhaltssätzen zustünde. Ist das Kind z. B. 4 Jahre alt, hätte es noch für 14 Jahre den Regelunterhalt zu beanspruchen, und zwar nach den derzeitigen Sätzen auf die Dauer von 2 Jahren in Höhe von monatlich 108,— DM, für weitere 6 Jahre in Höhe von monatlich 132,— DM und für die letzten 6 Jahre in Höhe von monatlich 156,— DM. Es hätte somit auf 2 Jahre monatlich 108,— DM = 2592,— DM, auf 6 Jahre monatlich 132,— DM = 9504,— DM und auf 6 Jahre monatlich 156,— DM = 11 232,— DM Regelunterhalt zu beanspruchen, zusammen 23 328,— DM. Um den Jahresdurchschnitt des Regelunterhaltssatzes zu errechnen, wäre dieser Betrag in vorliegendem Beispiel durch 14 zu teilen, da das vierjährige Kind noch für 14 Jahre den Regelunterhalt erwarten könnte, so daß sich ein Duchschnittsregelunterhaltsanspruch des Kindes von rund 1666,— DM jährlich (monatlich 138,85 DM) ergäbe. Dieser Betrag könnte in vorliegendem Beispiel als Streitwert zugrunde gelegt werden, wenn keine Ermäßigungs- oder Erhöhungsgründe vorlägen.

Zu demselben Ergebnis kann man auf einfachere Weise kommen, wenn man nicht die Jahresbeträge zusammenrechnet, sondern die jeweiligen Monatsbeträge, also in vorliegendem Beispiel (108,— DM × 2) + (132,— DM × 6) + (156,— DM × 6) = 1944,— DM. Diese Summe ist durch die Zahl der Jahre, für die der Regelunterhalt begehrt wird, zu teilen, im vorliegenden Beispiel also durch 14, so daß sich in vorliegendem Beispiel ein monatlicher Regelunterhaltsdurchschnittssatz von 138,85 DM ergibt, der vervielfacht mit 12 den durchschnittlichen Jahresregelunterhalt — in vorliegendem Beispiel mit 1666,— DM — als Streitwert ergibt.

Wäre das Kind bereits 10 Jahre alt, hätte es noch für 8 Jahre Regelunterhalt zu erwarten. Es ergäbe sich dann folgende Berechnung des derzeitigen durchschnittlichen monatlichen Regelunterhalts: (2 mal 132,— DM + 6 mal 156,— DM) : 8 = 150,— DM. Der durchschnittliche Regelunterhaltssatz für das zehnjährige Kind würde sich auf den Jahresbetrag von 1800,— DM belaufen. Dieser Betrag käme als Streitwert in Betracht, wenn keine Zu- oder Abschläge in Frage stünden.

Wäre das Kind bereits 12 oder mehr Jahre alt, käme für den Streitwert als obere Grenze des Regelunterhalts der Betrag von 12 mal 156,— DM = 1872,— DM in Betracht, wenn keine Zuschläge geltend gemacht würden.

Etwaige in der Klage geforderte Rückstände sind diesem Streitwert hinzuzuzählen, soweit sie sich auf die Zeit bis zur Rechtshängigkeit erstrecken, § 13 Abs. 5 GKG. Umgekehrt ist für die Berechnung des Streitwerts das Alter des Kindes bei Beginn der Rechtshängigkeit maßgebend.

Die Tatsache, daß das Kind zur *Adoption* freigegeben oder in eine Adoptionspflegestelle vermittelt ist, kann sich gar nicht oder nur in geringerem Maße auf den Streitwert der Regelunterhaltsklage auswirken, je nach der Wahrscheinlichkeit, ob eine rechtswirksame Adoption zustandekommen wird oder nicht. Man wird in diesem Falle dem Streitwert den Jahresbetrag des Regelunterhalts zu Grunde legen müssen, der für die Altersstufe des Kindes festgelegt ist, weil die Rechtswirksamkeit der Adoption zur Folge hat, daß die Unterhaltspflicht des nichtehelichen Vaters und der übrigen leiblichen Verwandten des Kindes gegenüber der Unterhaltspflicht des Annehmenden zurücktritt, § 1766 BGB n. F.

7e *Die wirtschaftliche Leistungsfähigkeit des Vaters* wirkt sich streitwertmindernd aus, wenn die Voraussetzungen für eine Herabsetzung des Regelunterhalts nach § 1615 h BGB oder für einen Erlaß nach § 1615 i BGB gegeben sind oder glaubhaft behauptet werden. Sollte sich die Behauptung des Beklagten als unrichtig erweisen. ist eine nachträgliche Streitwertänderung gemäß § 23 Abs. 1 S. 2 und 3 GKG möglich, s. auch Mümmler Büro 70, 281, (287 Anm. 27). Wird der Regelunterhalt in der Klage von vornherein mit einem prozentualen Abschlag begehrt, so ist dieser prozentuale Abschlag auch am Streitwert zu machen.

Einzelfälle:

7f *1. Ist die Vaterschaftsklage gemäß § 643 ZPO mit der Klage auf Regelunterhalt verbunden,* so ist gemäß § 14 Abs. 2 GKG der höhere der beiden Ansprüche maßgebend, da der vermögensrechtliche Anspruch auf den Regelunterhalt aus dem nichtvermögensrechtlichen Vaterschaftsanspruch hergeleitet ist. Das wird in der Regel der nichtvermögensrechtliche Anspruch auf Vaterschaftsfeststellung sein, dessen Streitwert meist über dem zwölffachen Betrag des monatlichen Regelbedarfs liegen wird. Der vermögensrechtliche Anspruch kann aber auch höher sein als der nichtvermögensrechtliche, wenn bis zur Rechtshängigkeit erhebliche Rückstände erwachsen sind, die gemäß § 13 Abs. 5 dem Streitwert der Unterhaltsklage hinzuzurechnen sind. In diesem Falle ist der vermögensrechtliche Anspruch maßgebend, s. auch Mümmler Büro 70, 281 [285]. Wegen der Abänderungsklage nach § 643 a ZPO s. unten Anm. 7 n.

7g 2. Geht die *Klage nur auf Leistung des Regelunterhalts* und kommen nach dem Vorbringen der Parteien weder ein Abzug von Sozialleistungen nach § 1615 g BGB noch eine Herabsetzung des Regelunterhalts nach § 1615 h BGB in Betracht und ist das auch für die Zukunft nicht zu erwarten, so ist der Streitwert auf den zwölffachen durchschnittlichen Monatsbetrag des Regelbedarfssatzes festzusetzen, der sich für das klagende Kind ergibt, Anm. 7 d.

7h 3. Machen im Regelunterhaltsverfahren eine der Parteien oder beide Parteien geltend, daß vom Regelbedarfssatz *Sozialleistungen nach § 1615* g *BGB abzuziehen* sind, oder verlangt der Beklagte gemäß *§ 1615* h *BGB die Herabsetzung des Regelunterhalts,* so hat das Gericht hierüber im Urteil, durch das es den Beklagten zur Unterhaltsleistung verurteilt, nicht dahin zu entscheiden, daß es den zu leistenden Geldbetrag festsetzt. Das Gericht wird aber den Herabsetzungsantrag des Beklagten im Urteil möglicherweise dahin verbescheiden, daß es eine prozentuale Minderung des Regelbedarfssatzes ausspricht. Der sich hieraus ergebende vom beklagten Kindsvater dem nichtehelichen Kinde geschuldete Unterhaltsbetrag wird erst im anschließenden gesonderten Beschlußverfahren nach § 642 a ZPO festgesetzt. Hier ist bei Festsetzung des Streitwerts zu berücksichtigen, wie sich der Abzug der Sozialleistungen nach § 1615 g BGB und eine Herabsetzung des Regelunterhalts nach § 1615 h BGB auswirken werden. Sollten sich die Voraussetzungen für eine Anrechnung von Sozialleistungen und eine Herabsetzung des Regelunterhalts als nicht gegeben erweisen, könnte auch hier der Streitwert mit dem zwölffachen durchschnittlichen Monatsbetrag des Regelbedarfs angenommen werden. Soweit ein Abzug von Sozialleistungen oder eine Herabsetzung des Regelunterhalts in Betracht kommt, wäre der Streitwert entsprechend den dadurch eintretenden Minderungen des Regelbedarfssatzes auf den zwölffachen Betrag des verminderten durchschnittlichen Regelbedarfssatzes festzusetzen. Offensichtlich unbegründete Herabsetzungsanträge des Beklagten nach § 1615 h BGB dürfen aber bei der Streitwertfestsetzung nicht berücksichtigt werden. Hier besteht kein Anlaß, den Streitwert unter den Betrag herabzusetzen, der tatsächlich letzten Endes — wenn auch nur schätzungsweise — geschuldet wird.

7l 4. Wird *mit der Klage auf Regelunterhalt ein prozentualer Zuschlag* gemäß § 642 d ZPO gefordert und sind keine Sozialleistungen nach § 1615 g BGB anzurechnen, so erhöht sich der Streitwert um den prozentualen Zuschlag. Sind Sozialleistungen anzurechnen, so mindert sich der erhöhte Streitwert entsprechend. Macht der Beklagte geltend, er könne weder den Regelunterhalt samt Zuschlag noch den einfachen Regelunterhalt zahlen und fordert er seinerseits eine prozentuale Herabsetzung des Regelunterhalts nach § 1615 h BGB, so wirkt sich das Gegenvorbringen des Beklagten insoweit streitwertmindernd aus, als es berechtigt erscheint. Wenn auch im allgemeinen die Gegeneinwendungen des Beklagten den Streitwert nicht beeinflußen können, so ist es hier doch anders, da das Kind mit der Klage letztlich nur den Regelunterhalt anstrebt, der ihm nach den gesetzlichen Vorschriften, also auch unter Berücksichtigung eines berechtigten Herabsetzungsanspruchs des Vaters, zusteht.

7k 5. Verlangt der *Kläger* unter Berücksichtigung der ihm bekannten schlechten wirtschaftlichen Verhältnisse des Beklagten von vornherein *nicht den vollen Regelunterhalt,* sondern nur den Regelunterhalt mit einem prozentualen Abschlag, § 642 d ZPO, so ist als Streitwert der Jahresbetrag des geminderten durchschnittlichen Regelbedarfsbetrages anzunehmen, der eine weitere Minderung erfahren kann, wenn der Beklagte zu Recht eine weitere Herabsetzung des Regelunterhalts verlangt, als der Kläger zugesteht.

7l 6. Wenn der Kläger den *Regelunterhalt und hierzu eine fest bezifferte Geldrente* verlangt, so kommen hinsichtlich des Regelunterhalts die oben Anm. 7c bis 7 k angeführten Gesichtspunkte bei der Streitwertfestsetzung zur Anwendung. Dem so gefundenen Streitwert des Regelunterhalts ist der zwölffache Monatsbetrag der geforderten Geldrente gemäß § 13 Abs. 1 S. 1 hinzuzurechnen. Die Frage der Zulässigkeit eines Verfahrens ist kostenrechtlich unbeachtlich.

7m 7. Im Falle der *Abänderungsklage nach § 323 ZPO* gelten dieselben Grundsätze, sofern statt der Geldrente nunmehr der Regelunterhalt oder der Regelunterhalt mit einem Zuschlag oder Abschlag gefordert wird. Es ist dabei aber zu beachten, daß Streitwert letzten Endes nur der Jahresbetrag des Unterschiedsbetrages zwischen dem bisher geschuldeten Unterhalt und dem künftig begehrten Unterhalt ist. Das gleiche gilt, wenn in einem gesonderten Verfahren lediglich ein prozentualer Zuschlag oder Abschlag hinsichtlich eines bereits rechtskräftig festgesetzten Regelunterhalts verlangt wird, § 642 d ZPO, vgl. auch Anm. 7 n wegen der Abänderungsklage nach § 643 a ZPO.

7n 8. *Abänderungsklage nach § 643 a ZPO.* Klagt das Kind auf eine Erhöhung des Regelunterhalts, so bestimmt sich der Streitwert nach dem Unterschiedsbetrag zwischen dem Streitwert, der einer Klage auf den Regelunterhalt zu Grunde zu legen wäre und dem geforderten prozentualen Mehrbetrag. Der Regelunterhalt darf dem Streitwert der Abänderungsklage auch dann nicht hinzugerechnet werden, wenn er bei Bemessung des Streitwerts der Klage nach § 643 ZPO gemäß § 14 Abs. 2 GKG unberücksichtigt geblieben ist. Die gleichen Grundsätze gelten, wenn der Beklagte mit der Abänderungsklage nach § 643 a ZPO eine Herabsetzung des Regelunterhalts verlangt. Fordern in einem verbundenen Verfahren der Kläger eine Erhöhung und der Beklagte eine Herabsetzung des Regelunterhalts, so sind die beiden Unterschiedsbeträge zum Regelunterhalt zusammenzuzählen.

7o 9. Beantragt der Vater im Verfahren nach § 643 a ZPO oder in einem gesonderten Verfahren gemäß § 1615 i BGB den *Erlaß von rückständigen Unterhaltsbeträgen,* so bilden diese Beträge den Streitwert, soweit es sich um Rückstände aus der Zeit vor der Rechtshängigkeit der Unterhaltsklage handelt, § 13 Abs. 5 sinngemäß. Wenn der Kläger in Widerspruch zu § 1615 i BGB Erlaß der Rückstände bis zur Klageerhebung anstatt für die Zeit bis zu einem Jahr vor der Klageerhebung auf Feststellung der Vaterschaft fordert, so sind seine weitergehenden, wenn auch im Gesetz nicht begründeten Anträge für den Streitwert mit maßgebend. Klagt der Kläger auf Erhöhung des Regelunterhalts, der Beklagte auf Erlaß der Rückstände und Herabsetzung des Regelunterhalts, so sind der Anspruch des Klägers auf

Erhöhung des Regelunterhalts und die Ansprüche des Beklagten auf Erlaß der Rückstände und Herabsetzung des Regelunterhalts zusammenzuzählen, wobei im Wege der Schätzung zu ermitteln ist, wie sich die vom Kläger begehrte Regelunterhaltserhöhung und die vom Beklagten verlangte Herabsetzung des Regelunterhalts auf die Höhe der rückständigen Beträge auswirkt, deren Erlaß gefordert wird.

7p 10. Etwaige mit der Klage verbundene *Stundungsanträge* haben auf den Streitwert keinen Einfluß, s. aber wegen des Streitwerts für Anträge auf Festsetzung des Regelunterhalts auf Grund von Vergleichen und Urkunden, für Anträge auf Neufestsetzung des Regelunterhalts und für selbständige Anträge hinsichtlich einer Stundung unten § 41 a Anm. 15 bis 17.

Zu § 13 GKG n. F. (Seite 176 Anm. 9 des Kommentars):

Der Streitwert der Klage auf Erlaß von rückständigem Regelunterhalt, § 1615 i BGB, § 643 a ZPO, richtet sich nach dem Betrag, dessen Erlaß der Kläger begehrt. Falls der Antrag in einem Verfahren auf Leistung des Regelunterhalts gestellt wird, sind die Streitwerte der Anträge auf Leistung des Regelunterhalts und auf Erlaß der Rückstände zusammenzurechnen, vgl. oben Anm. 7 n.

9a

Anhang zu § 13 GKG n. F.

Artikel 12 NEG

Übergangsvorschriften

§ 15

Für das gerichtliche Verfahren nach § 14 und für die das Verfahren abschließende Entscheidung wird je die Hälfte der vollen Gebühr (§ 10 des Gerichtskostengesetzes) erhoben. Die gleichen Gebühren werden für das Verfahren über die Beschwerde erhoben.

(2) (Rechtsanwaltsgebühren)

(3) Der Wert des Streitgegenstandes bestimmt sich nach dem Unterschiedsbetrag zwischen der bisherigen Geldrente und dem Betrag des Regelunterhalts, dessen Festsetzung beantragt wird. § 13 Abs. 1 des Gerichtskostengesetzes ist anzuwenden.

9b 1. Nach § 14 der Übergangsvorschriften zum NEG können vor dem 1. 7. 1970 rechtskräftig gewordene Urteile und sonstige Vollstreckungstitel auf Zahlung einer Geldrente nach § 1708 Abs. 1, § 1710 BGB auf Antrag der Partei für die Zeit nach der Antragstellung in ein Urteil auf Leistung des Regelunterhalts, bzw. einen auf Leistung des Regelunterhalts lautenden sonstigen Vollstreckungstitel, § 642 ZPO, umgestellt und gleichzeitig der Betrag des Regelunterhalts festgesetzt werden.

9c 2. Streitwert dieses Umstellungsverfahrens ist der *Unterschiedsbetrag* zwischen dem sich nach § 13 Abs. 1 S. 1 bestimmenden Streitwert der nach dem Vollstreckungstitel bisher geschuldeten Rente, also deren Jahresbetrag, und dem Jahresbetrag des Regelunterhalts, dessen Festsetzung beantragt wird. Da in diesem Verfahren gemäß § 14 Abs. 1 S. 1 der Übergangsvorschriften zum NEG „gleichzeitig der Betrag des Regelunterhalts" festzusetzen ist, ergibt sich der als Streitwert des Umstellungsverfahrens in Betracht kommende Unterschiedsbetrag spätestens mit der Entscheidung. Bis dahin muß der Betrag des Regelunterhalts nach den oben Anm. 7 a ff. dargelegten Grundsätzen, also vor allem unter Berücksichtigung der Sozialleistungen des § 1615 g BGB, geschätzt werden, da § 13 Abs. 1 GKG ausdrücklich für anwendbar erklärt ist. Der rechtskräftig festgesetzte Regelunterhaltsbetrag kann zu einer Streitwertänderung nach § 23 Abs. 1 S. 3, 4 GKG Anlaß geben.

9d 3. Es ist möglich, daß sich im Umstellungsverfahren ein *geringerer Betrag des Regelunterhalts* ergibt, *als bisher als Geldrente* geschuldet wurde. Auch in diesem Falle ist für den Streitwert der Unterschiedsbetrag der Jahresbeträge maßgebend. Sind die bisherige Rente und der Regelunterhaltsbetrag gleich hoch, so daß kein Unterschiedsbetrag und somit kein Streitwert besteht, so ist der Mindestbetrag der Gebühr in Höhe von 3,— DM gemäß §§ 9 Abs. 1, 10 GKG zu erheben. Dieser Betrag ist die Mindestgebühr und ermäßigt sich deshalb nicht auf die Hälfte, vgl. § 9 Anm. 2.

9e 4. Für die nach Artikel 12 § 16 der Übergangsvorschriften des NEG *vorzubehaltende Klage* auf eine Erhöhung oder Herabsetzung des Regelunterhalts oder auf Erlaß von Rückständen richtet sich der Streitwert nach den Ausführungen in Anm. 7 n und 7 o.

9f 5. Der Streitwert der sofortigen Beschwerde des Artikel 12 § 14 Abs. 4 der Übergangsvorschriften zum NEG richtet sich nach der Beschwer des Beschwerdeführers, also nach dem Unterschied zwischen dem nach dem angefochtenen Beschluß festgesetzten und mit der Beschwerde erstrebten Regelunterhalt.

9g 6. *Gebühren.* Siehe Anhang zu § 41 a GKG Artikel 12 § 15 NEG in vorliegendem Nachtrag.

Zu § 13 GKG n. F. (Seite 176 vor Anm. 11 des Kommentars):

III. Unterhaltspflicht der Ehegatten im Verfahren nach §§ 627, 627 b ZPO und des im Vaterschaftsrechtsstreit Beklagten nach § 641 d ZPO, Abs. 2.

11 1. Siehe Kommentar Seite 176.

11a 1a) Nach § 641 d ZPO i. d. F. des NEG kann in einem Rechtsstreit auf Feststellung des Bestehens der Vaterschaft das Gericht auf Antrag des nichtehelichen Kindes durch einstweilige Anordnung bestimmen, daß der als Vater beklagte Mann dem Kinde Unterhalt zu zahlen oder für den Unterhalt Sicherheit zu leisten hat, und die Höhe des Unterhalts regeln. Hierzu bestimmt § 13 Abs. 2, daß sich der Wert des Rechts auf Unterhalt nach dem dreimonatigen Bezug berechnet. Dabei ist nicht maßgebend, was das Gericht zuspricht, sondern was vom Kläger in seinem Antrag auf einstweilige Anordnung verlangt wird. Auch wenn der Antrag nur auf Sicherheitsleistung geht, ist der dreimonatige Bezug maßgebend. Das Gesetz macht im § 13 Abs. 2 S. 1 keinen Unterschied zwischen dem Antrag auf Zahlung oder Hinterlegung des Unterhalts, a. M. Odersky Art. 9 Nr. 1 NEG Anm. III. Es darf nicht übersehen werden, daß die Streitwertbestimmung nach dem dreimonatigen Bezug offenbar aus sozialen Gründen ohnehin sehr niedrig gehalten ist, wenn man bedenkt, daß ein Vaterschaftsprozeß viele Jahre dauern kann. Im übrigen sind die für das Verfahren nach § 627 ZPO gegebenen Erläuterungen (Anm. 12 bis 14) auf das Verfahren über den Antrag eines nichtehelichen Kindes auf einstweilige Anordnung nach § 641 ZPO sinngemäß anzuwenden.

Zu § 14 GKG (Seite 193 des Kommentars):

13a Auch *Klagen auf Feststellung der nichtehelichen Vaterschaft* sind nunmehr nach Inkrafttreten des NEG vom 19. 8. 1969 — BGBl. I 1243 — nichtvermögensrechtlicher Art. Denn sie haben die Feststellung der blutsmäßigen Verwandtschaft des nichtehelichen Kindes zu seinem nichtehelichen Vater zum Gegenstand. Daß sie zugleich die Voraussetzung dafür sind, daß das Kind gegen seinen Vater und unter Umständen dessen Verwandte vermögensrechtliche Ansprüche auf Unterhalt und Beteiligung am Nachlaß erheben kann, ändert hieran nichts. Denn auch für das eheliche Kind ist die Tatsache seiner blutsmäßigen Verwandtschaft zum Vater Voraussetzung seiner vermögensrechtlichen Ansprüche. Der Streitwert ist daher auch für die Vaterschaftsklage des nichtehelichen Kindes und die Anfechtungsklage hinsichtlich einer nichtehelichen Vaterschaft stets aus § 14 zu entnehmen,

Mümmler Büro 70, 281 [283]. Besonders schwierige und langwierige Prozesse oder nach der Lebensstellung und den Einkommens- und Vermögensverhältnissen des in Anspruch genommenen Vaters zu erwartende erhebliche vermögensrechtliche Auswirkungen hinsichtlich des Unterhalts und der Beteiligung am Nachlaß können einen den Betrag von 3000,— DM weit übersteigenden Streitwert rechtfertigen, vgl. auch Mümmler a. a. O. [284] und OLG Stuttgart FamRZ 71, 47 L (bei entsprechendem Umfang Regelstreitwert von 3000,— DM). Wird gemäß § 643 ZPO gleichzeitig Anspruch auf Regelunterhalt geltend gemacht, ist § 14 Abs. 2 anwendbar, dem Streitwert also nur der höhere der beiden Ansprüche zu Grunde zu legen, Göppinger FamRZ 70, 169, Mümmler Büro 70, 285, Odersky NEG Art. 5 Nr. 7 Anm. VI 2.

Zu § 14 GKG (Seite 196 des Kommentars):

19a Im Verfahren nach § 643 ZPO (Klage auf Feststellung der nichtehelichen Vaterschaft und gleichzeitige Klage auf Regelunterhalt) ist der Anspruch auf Regelunterhalt aus dem nichtvermögensrechtlichen Vaterschaftsfeststellungsanspruch hergeleitet. Es ist daher nur ein Streitwert und zwar der höhere maßgebend. Bei hohen aus der Zeit vor der Rechtshängigkeit entstandenen Rückständen, vgl. § 1615 d BGB in Verbindung mit § 13 Abs. 5 GKG, kann der vermögensrechtliche Anspruch höher sein, als der nichtvermögensrichtliche, Mümmler Büro 70, 281 [286]. Andererseits ist bei Bestimmung des Streitwerts des nichtvermögensrechtlichen Anspruchs die Bedeutung der Sache, die in ihrer vermögensrechtlichen Auswirkung auf die Zahlung des Regelunterhalts und des Erbrechts liegt, mitzuberücksichtigen, siehe Nachtrag zu § 14 Anm. 13a.

Zu § 17 GKG n. F. (Seite 5 u. 208 des Kommentars):

§ 17
Eidesstattliche Versicherung

Im Verfahren zur Abnahme der eidesstattlichen Versicherung nach § 807 der Zivilprozeßordnung bestimmt sich der Wert nach dem Betrag, der aus dem Vollstreckungstitel noch geschuldet wird. Der Wert beträgt jedoch höchstens 2000,— Deutsche Mark.

1 I. Durch Artikel 2 § 10 des Gesetzes zur Änderung des Rechtspflegergesetzes, des Beurkundungsgesetzes und zur Umwandlung des Offenbarungseides in eine eidesstattliche Versicherung v. 27. 6. 1970 — BGBl. I

911 — wurden die Worte „Offenbarungseid" und „Offenbarungseidverfahren" geändert und an ihre Stelle „Eidesstattliche Versicherung" und „Verfahren zur Abnahme der eidesstattlichen Versicherung" gesetzt. Hinsichtlich der Gebühren und des Streitwerts trat keine Änderung ein.

Zu § 40 GKG n. F. (Seite 11 u. 356 des Kommentars):

§ 40

Besondere Verfahren

(1) Die Hälfte der vollen Gebühr wird erhoben

1. (unverändert)
2. (unverändert)
3. (unverändert)
4. (unverändert)
5. für das Verfahren über Anträge auf Abnahme **einer eidesstattlichen Versicherung** einschließlich der Anträge auf Erzwingung der **Abgabe der eidesstattlichen Versicherung;**
6. (unverändert)
7. (unverändert)

(2) (unverändert)

(3) Für die Gewährung der Einsicht in das Schuldnerverzeichnis (§ 915 der Zivilprozeßordnung, § 107 der Konkursordnung) und für die Erteilung einer mündlichen Auskunft über das Bestehen oder Nichtbestehen einer Eintragung wird eine Gebühr von 0,60 Deutsche Mark, für die Erteilung einer schriftlichen Auskunft über das Bestehen oder Nichtbestehen einer Eintragung eine Gebühr von 1,20 Deutsche Mark erhoben; § 9 Abs. 1 ist insoweit nicht anzuwenden. Die Einsicht und die Erteilung der Auskunft können von der Zahlung der Gebühr abhängig gemacht werden. Wird das **Verfahren zur Abnahme der eidesstattlichen Versicherung** nicht fortgesetzt, nachdem der Gläubiger von der Eintragung des Schuldners im Schuldnerverzeichnis benachrichtigt worden ist, so wird an Stelle der nach Absatz 1 Nr. 5 bestimmten Gebühr nur die Auskunftsgebühr erhoben. Wird das Verfahren fortgesetzt, so wird neben der Gebühr nach Absatz 1 Nr. 5 für die Benachrichtigung die Auskunftsgebühr nicht erhoben.

(4) (unverändert)

1 I. Durch Artikel 2 § 10 des Gesetzes zur Änderung des Rechtspflegergesetzes, des Beurkundungsgesetzes und zur Umwandlung des Offenbarungseides in eine eidesstattliche Versicherung v. 27. 6. 1970 — BGBl. I 911 — wurden Absatz 1 Nr. 5 und Abs. 3 S. 3 dahin geändert, daß nicht mehr vom Offenbarungseid, sondern von der Abgabe der eidesstattlichen Versicherung die Rede ist. Sonst keine Änderung.

Zu § 41 GKG n. F. (Seite 12 u. 373 des Kommentars):

§ 41

Einstweilige Anordnungen in Ehe- und Kindschaftssachen

(1) Für Verfahren nach den §§ 627, 627 b Abs. 1 und § 641 d der Zivilprozeßordnung wird die Hälfte der vollen Gebühr erhoben.

(2) Eine Gebühr wird nicht erhoben,

a) wenn der Antrag vor Anordnung einer mündlichen Verhandlung oder, wenn ohne mündliche Verhandlung entschieden wird, vor der Entscheidung zurückgenommen wird;

b) wenn lediglich beantragt ist, eine Einigung der Parteien zu richterlichem Protokoll zu nehmen;

c) für Verfahren nach § 627 b Abs. 3 der Zivilprozeßordnung.

Zu § 41 GKG n. F. (Seite 374 des Kommentars):

1a Nach § 641 d ZPO kann das Gericht in einem Rechtsstreit auf Feststellung des Bestehens der Vaterschaft auf Antrag des nichtehelichen Kindes durch einstweilige Anordnung bestimmen. daß der als nichtehelicher Vater in Anspruch genommene Mann dem Kinde Unterhalt zu zahlen oder für den Unterhalt Sicherheit zu leisten hat und die Höhe des Unterhalts regeln. Mangels einer das Gegenteil bestimmenden Vorschrift umfaßt auch hier das für die *Hauptsache bewilligte Armenrecht* nicht das Anordnungsverfahren.

Zu § 41 GKG n. F. (Seite 375 des Kommentars):

2a Für mehrere Verfahren nach § 641 d ZPO wird die halbe Gebühr in jedem Rechtszug aus demselben Streitgegenstand nur einmal erhoben, § 43 Abs. 2 GKG. Wird im Laufe des Verfahrens ein Antrag auf Erhöhung des zu leistenden Unterhalts gestellt, so erhöht sich dadurch nur der Streitwert, aus dem die halbe Gebühr zu berechnen ist. Wenn der Rechtsstreit in der Berufungsinstanz schwebt, erhöht sich die Gebühr nicht, da § 34 GKG nur für die Regelgebühren des § 25 GKG gilt. Durch die halbe Gebühr mit abgegolten ist auch das Aufhebungsverfahren nach § 641 e ZPO und eine etwaige Entscheidung nach §§ 641 e Abs. 1, 641 f ZPO auf Feststellung, daß die einstweilige Anordnung außer Kraft getreten ist. Dagegen erfaßt § 41 nicht auch die Kosten eines Schadensersatzprozesses nach § 641 g ZPO, für den die Regelgebühren der §§ 25 ff. GKG gelten. Im *Beschwerdeverfahren* nach § 641 d Abs. 3 ZPO wird die volle Gebühr erhoben, § 46 Abs. 1 GKG.

Zu § 41 GKG n. F. (Seite 375 des Kommentars):

3a Auch für ein Verfahren nach § 641 d ZPO auf Leistung des einstweiligen Unterhalts oder Sicherheitsleistung für den Unterhalt richtet sich der Streitwert nach dem dreimonatigen Bezug, d. h. nach dem Betrag, der als Unterhaltsvorauszahlung oder Sicherheitsleistung für drei Monate beantragt wird. Es kommt für den Streitwert des Verfahrens nicht auf den zuerkannten, sondern auf den beantragten Unterhaltsvorschuß an.

3b Wird gemäß § 1615 o BGB n. F. im Wege der einstweiligen Verfügung die Unterhaltszahlung für die ersten 3 Monate verlangt, so ist der für diese 3 Monate geforderte Betrag Streitwert des Verfahrens, § 18 Anm. 4.

Zu § 41 a GKG n. F. (Seite 12 u. 377 des Kommentars):

§ 41a

Verfahren über den Unterhalt eines nichtehelichen Kindes

(1) Die Hälfte der vollen Gebühr wird erhoben:

1. Für das Verfahren über Anträge auf Festsetzung des Regelunterhalts nach § 642 a Abs. 1, 2 oder § 642 d der Zivilprozeßordnung, wenn die Festsetzung auf Grund eines Vergleichs nach § 642 c Nr. 1 der Zivilprozeßordnung beantragt wird, der vor einer Gütestelle geschlossen wurde, oder auf Grund einer Urkunde nach § 642 c Nr. 2 der Zivilprozeßordnung;

2. für das Verfahren über Anträge auf Neufestsetzung des Regelunterhalts nach § 642 b Abs. 1 Satz 1, 2 der Zivilprozeßordnung;

3. für das Verfahren über Anträge auf Stundung rückständiger Unterhaltsbeträge nach § 643 a Abs. 4 Satz 2 der Zivilprozeßordnung und über Anträge auf Aufhebung oder Änderung der Stundung nach § 642 f der Zivilprozeßordnung.

(2) Eine Gebühr wird nicht erhoben, wenn der Antrag vor Anordnung einer mündlichen Verhandlung oder, wenn ohne mündliche Verhandlung entschieden wird, vor der Entscheidung zurückgenommen wird.

I. Allgemeines

1 Die Vorschrift wurde durch das NEG vom 19. 8. 1969 — BGBl. I 1243 — eingefügt. Sie gilt ab 1. 7. 1970. Wegen des Umstellungsverfahrens früherer Schuldtitel auf den Regelunterhalt vgl. Art. 12 §§ 14, 15 der Übergangsvorschriften zum NEG, oben § 13 Anm. 9 a bis 9 f und unten Anh. zu § 41 a Anm. 1 bis 4.

2 Der *Sinn und Zweck* der Vorschrift des § 41 a besteht darin, die gerichtliche Tätigkeit bei der Festsetzung des Regelunterhaltsbetrages in den Fällen gebührenrechtlich zu erfassen, in denen der Festsetzung kein gerichtsgebührenauslösendes Streitverfahren vorausgegangen ist, vgl. auch Mümmler, Büro 70, 281 (287). Das trifft zu, wenn die Festsetzung des Regelunterhalts, auch mit einem Zu- oder Abschlag, im Verfahren nach § 642 a Abs. 1, 2 oder § 642 d ZPO auf Grund eines *Vergleichs* erfolgt, der gemäß § 642 c Nr. 1 ZPO vor einer durch eine Landesjustizverwaltung eingerichteten oder anerkannten Gütestelle abgeschlossen wurde, oder wenn die Festsetzung auf Grund einer *Urkunde* erfolgt, die von einem deutschen Gericht oder von einem deutschen Notar innerhalb der Grenzen seiner Amtsbefugnisse in der vorgeschriebenen Form aufgenommen worden ist und in der sich der Vater zur Zahlung des Regelunterhalts mit oder ohne Zuschlag oder Abschlag verpflichtet und gleichzeitig dem Betragsfestsetzungsverfahren nach den §§ 642 a, 642 b ZPO unterworfen hat, § 642 c Nr. 2 *(Fälle des § 41 a Abs. 1 Nr. 1 GKG).*

3 Auch die *Neufestsetzung des Regelunterhalts* bei einer Änderung des Regelbedarfs oder einer Änderung der für die Berechnung des Betrages des Regelunterhalts maßgebenden Umstände kann gemäß § 642 b ZPO ohne vorausgegangenes gerichtliches Streitverfahren erfolgen. Auch dieser Fall soll gerichtsgebührenrechtlich erfaßt werden *(Fall des § 41 a Abs. 1 Nr. 2 GKG).*

4 Über Anträge auf *Stundung* rückständiger Unterhaltsbeträge, die nicht mit einem Streitverfahren auf Erhöhung oder Herabsetzung des Regelunterhalts oder auf Erlaß von Rückständen verbunden sind, § 643 a Abs. 4 S. 2 ZPO, ist im Beschlußverfahren zu entscheiden. Dasselbe gilt für selbständige mit einem Streitverfahren nicht verbundene Anträge auf Aufhebung oder Abänderung der Stundung rückständigen Unterhalts nach § 642 f ZPO. Da auch in diesen Fällen keine Gerichtsgebühren für ein gerichtliches Klageverfahren erwachsen, fällt eine halbe Gebühr nach § 41 a an *(Fall des § 41 Abs. 1 Nr. 3 GKG).*

5 Der Zweck des *Absatz 2* ist es, die Rücknahme von Anträgen gebührenrechtlich zu begünstigen.

6 Keine Gebühren nach § 41 a werden erhoben, wenn die für die Festsetzung maßgebenden Titel in einem ordentlichen Streitverfahren nach §§ 642, 643 ZPO erlangt wurden, Göppinger FamRZ 70, 167, mag es mit einem Urteil oder einem gerichtlichen Prozeßvergleich geendet haben. Hier ist die gerichtliche Tätigkeit auf Festsetzung des Regelunterhaltsbetrages bereits durch die Gebühren des vorangegangenen Streitverfahrens auf Leistung des Regelunterhalts mit abgegolten. Es sind daher für diese Fälle in § 41 a (Abs. 1 Nrn. 1 und 2) keine besonderen Gerichtsgebühren vorgesehen und somit auch nicht geschuldet, § 1 Anm. 1 GKG. Das gleiche gilt, wenn Stundungsanträge auf Aufhebung oder Änderung der Stundung im Rahmen eines Streitverfahrens gestellt werden. Auch dann fällt keine Gebühr nach § 41 a (Abs. 1 Nr. 3) an. Hat sich ein Streitverfahren dadurch erledigt, daß die Parteien außergerichtlich einen Vergleich vor einer Gütestelle geschlossen oder der Beklagte sich in einer Urkunde gemäß § 642 c Nr. 2 ZPO zur Leistung des Regelunterhalts verpflichtet und sich der Festsetzung des Regelunterhaltsbetrages unterworfen hat, so erwächst die Gebühr nach § 41 a Abs. 1 Nr. 1 neben den Gebühren des ordentlichen Streitverfahrens. Die Parteien können dieses Ergebnis durch Abschluß eines Prozeßvergleichs in ordentlichen Streitverfahren verhindern.

II. Einzelfälle

7 1. *Vergleiche vor einer Gütestelle,* § 41 a Abs. 1 Nr. 1. Nur sie fallen unter die Vorschrift des § 41 a, nicht aber die sonstigen in § 794 Abs. 1 Nr. 1 ZPO genannten Vergleiche vor deutschen Gerichten, auch nicht wenn sie gemäß § 118 a Abs. 3 ZPO im Armenrechtsverfahren geschlossen sind. Für Verfahren auf Festsetzung des Regelunterhalts auf Grund solcher Vergleiche erwächst keine Gebühr nach § 41 a GKG, selbst wenn im vorangegangenen gerichtlichen Verfahren, z. B. im Armenrechtsverfahren, keine Gerichtsgebühren angefallen sind. *Gegenstand des Vergleichs* muß die Verpflichtung zur Zahlung des *Regelunterhalts* mit oder ohne Zuschlag oder Abschlag sein einschließlich der Verpflichtung zur Zahlung von Rückständen und die Unterwerfung unter die Festsetzung des Betrages nach §§ 642 a, 642 b ZPO. Ein sonstiger Inhalt des Vergleichs ist belanglos, da er insoweit nicht Grundlage des Festsetzungsverfahrens nach §§ 642 a, 642 b ZPO sein kann, für das allein in § 41 a GKG Gebühren bestimmt sind.

8 2. *Urkunden,* § 41 a Abs. 1 Nr. 1. In § 642 c Nr. 2 ZPO sind nur Urkunden vor einem *deutschen Gericht* oder einem *deutschen Notar* genannt, in denen sich der Vater des nichtehelichen Kindes zur Leistung des Regelunterhalts verpflichtet und der Festsetzung des Betrages unterworfen hat, vgl. auch § 794 Abs. 1 Nr. 5 ZPO. Unter die Vorschrift des § 41 a Abs. 1 Nr. 1 fallen aber auch *vollstreckbare Urkunden* des vorgenannten Inhalts, die von einem Beamten oder Angestellten des *Jugendamts* innerhalb der Grenzen seiner Amtsbefugnisse gemäß § 50 JWG aufgenommen wurden. Sie sind im § 642 c Nr. 2 ZPO nicht erwähnt, weil das JWG im Zeitpunkt der Verkündung des NEG noch nicht verkündet war. In § 50 Abs. 2 JWG in der Fassung des Gesetzes zur Änderung und Ergänzung des Gesetzes für Jugendwohlfahrt vom 27. 6. 1970 — BGBl. I 920 — (Neufassung v. 6. 8. 70 — BGBl. I 1197) wird ausdrücklich bestimmt, daß für die vor dem Jugendamt innerhalb der Grenzen seiner Amtsbefugnisse aufgenommenen Urkunden die §§ 642 c Nr. 2, 642 d ZPO entsprechend gelten. Damit ist § 41 a Abs. 1 Nr. 1 GKG auch auf Verfahren über Anträge auf Festsetzung des Regelunterhalts anwendbar, wenn die Festsetzung auf Grund einer vor einem deutschen Jugendamt aufgenommenen Verpflichtungsurkunde erfolgt. Wegen des Gegenstandes der Verpflichtungsurkunde gilt das oben Anm. 7 Gesagte.

9 3. *Neufestsetzung des Regelunterhalts,* § 41 a Abs. 1 Nr. 2. Liegt bereits eine Verpflichtung zur Leistung des Regelunterhalts vor, gleichgültig ob auf Grund eines Urteils oder eines in einem Rechtsstreit oder einem Armenrechtsverfahren geschlossenen Vergleichs oder auf Grund eines Vergleichs vor einer Gütestelle oder einer vor einem deutschen Gericht, einem deutschen Notar oder einem deutschen Jugendamt aufgenommenen Urkunde, so können sowohl der Vater wie das Kind eine Neufestsetzung des Regelunterhalts verlangen, z. B. wenn der Regelbedarf geändert wird, d. h. wenn in einer neuen Regelunterhaltverordnung neue Regelbedarfssätze festgelegt werden, oder wenn sich sonstige für die Berechnung des Regelunterhalts maßgebende Umstände geändert haben, z. B. bei Änderungen hinsichtlich der nach § 1615 g BGB anzurechnenden Sozialleistungen. Hier erfolgt die Neufestsetzung des Regelunterhalts in dem Beschlußverfahren nach § 642 b ZPO. Da diese Neufestsetzung auf der Grundlage des ursprünglichen auf Leistung des Regelunterhalts lautenden Titels erfolgt, ohne daß ein Streitverfahren nach § 323 ZPO vorausgehen muß, würden für das Verfahren nach § 642 b ZPO keine Gebühren anfallen, wenn das nicht § 41 a Abs. 1 Nr. 2 ausdrücklich vorschreiben würde. Für ein Abänderungsverfahren im Wege der Klage nach § 323 ZPO fallen dagegen die Regelgebühren der §§ 25 ff. GKG an.

10 4. *Stundung rückständiger Unterhaltsbeträge* nach § 643 a Abs. 4 S. 2 ZPO, § 41 a Abs. 1 Nr. 3 GKG. Gemäß § 643 ZPO kann mit der Vaterschaftsklage des nichtehelichen Kindes auch die Klage auf Leistung des

Regelunterhalts verbunden werden. Wegen des Streitwerts in diesem Falle vgl. Nachtrag § 13 Anm. 7 f. Eine Stundung rückständiger Unterhaltsbeträge kann in diesem Verfahren nicht begehrt werden, § 643 Abs. 1 S. 2 ZPO. Es bleibt vielmehr den Parteien vorbehalten, in dem besonderen Verfahren nach § 643 a ZPO eine Abänderung des nach § 643 ZPO ergangenen Regelunterhaltsteils zu verlangen, und zwar auf höheren Unterhalt, auf Herabsetzung des Unterhalts, auf Erlaß rückständiger Unterhaltsbeträge oder auf Stundung rückständiger Unterhaltsbeträge, § 643 a Abs. 1 ZPO. Machen die Parteien von der Möglichkeit dieser Abänderungsklage keinen Gebrauch und begehrt lediglich der Beklagte Stundung rückständiger Regelunterhaltsbeträge, die er nach dem gemäß § 643 ZPO ergangenen Urteil schuldet, so ergeht die Entscheidung nicht im Klageverfahren durch Urteil, sondern auf Antrag des Beklagten durch Beschluß, § 643 a Abs. 4 S. 2 ZPO. Für dieses Beschlußverfahren ist im § 41 a Abs. 1 Nr. 3 eine Gebühr vorgesehen. Die Gebühr erwächst dagegen nicht, wenn der Stundungsantrag nicht in dem besonderen Beschlußverfahren nach § 643 a Abs. 4 S. 2 ZPO, sondern im Rahmen eines Abänderungsklageverfahrens nach § 643 a ZPO (auf höheren oder niedrigeren Unterhalt oder Erlaß von Rückständen) oder in einem Verfahren nach § 323 ZPO gestellt wird. In diesen Fällen wird der Stundungsantrag durch die Prozeßgebühr des § 25 Abs. 1 Nr. 1 GKG mit abgegolten.

11 5. *Aufhebung oder Änderung der Stundung rückständiger Unterhaltsbeträge* nach § 642 f ZPO, § 41 a Abs. 1 Nr. 3 GKG. Eine Stundung rückständiger Unterhaltsbeträge kann, abgesehen von dem Falle des § 643 a Abs. 4 S. 2 ZPO (siehe oben Anm. 10), auch in einem sonstigen Verfahren in einem Urteil, einem Vergleich oder einer vollstreckbaren Urkunde erfolgt sein. In § 642 f ZPO ist die Möglichkeit gegeben, eine Aufhebung oder Änderung der Stundungsentscheidung zu begehren. Wenn sie nicht im Rahmen eines Klageverfahrens, z. B. einer Abänderungsklage nach § 323 ZPO, verlangt wird, sondern in einem gesonderten Antrag, ist über diesen Antrag durch Beschluß zu entscheiden. Für dieses Verfahren ist in § 41 a Abs. 1 Nr. 3 GKG eine Gebühr vorgesehen. Sie erwächst nicht, wenn der Aufhebungs- oder Änderungsantrag im Rahmen eines Prozeßverfahrens gestellt wird, da er dann durch die in diesem Verfahren erwachsende Prozeßgebühr nach § 25 Abs. 1 Nr. 1 GKG mit abgegolten wird.

III. Gebühr

12 1. Es erwächst die Hälfte der vollen Gebühr nach § 10 Abs. 2 GKG. Die Gebühr gilt das ganze Verfahren ab einschließlich einer etwaigen Beweiserhebung und der Entscheidung. Gleichgültig ist auch, ob die Entscheidung auf Grund mündlicher Verhandlung ergeht oder nicht. Ebenso hat es auf die Gebühr keinen Einfluß, ob und inwieweit dem Antrag stattgegeben wird.

13 2. Die Gebühr wird mit dem Eingang des Antrags *fällig*, § 106 GKG. *Gebührenschuldner* ist der Antragsteller des Verfahrens, § 95 Abs. 1 S. 1, neben ihm und vor ihm gemäß § 103 Abs. 2 GKG die Kostenschuldner aus § 99 Nrn. 1 und 2 GKG. Wegen des Fortfalls der Gebühr bei Antragsrücknahme siehe Anm. 18 bis 20.

14 3. *Mehrere Verfahren.* Sie gelten jeweils als besonderer Rechtsstreit, § 43 Abs. 1 GKG. Das gilt sowohl für den Fall, daß Anträge, z. B. Stundungsanträge und Abänderungsanträge nach § 41 a Abs. 1 Nr. 3 GKG, nach Verbescheidung früherer Anträge neu gestellt werden, wie für den Fall, daß neben einem Antrag auf Festsetzung des Regelunterhalts, § 41 a Abs. 1 Nr. 1 GKG, oder einem Antrag auf Neufestsetzung, § 41 a Abs. 1 Nr. 2 GKG, gleichzeitig ein Verfahren auf Stundung oder Aufhebung oder Abänderung der Stundung, § 41 a Abs. 1 Nr. 3 GKG, läuft. Die Verfahren nach den Nummern 1 und 2 bleiben gegenüber den Verfahren nach Nr. 3 gebührenrechtlich gesondert, auch wenn sie vom Gericht verbunden werden; denn es handelt sich hier um ungleichartige Anträge, vgl. § 43 Anm. 2 GKG. Werden dagegen gleichzeitig mehrere Anträge nach § 41 Abs. 1 Nr. 3 gestellt, z. B. vom Vater auf Stundung weiterer Beträge und vom Kind auf Aufhebung oder Änderung einer früheren Stundungsentscheidung, so handelt es sich um gleichartige Anträge, die nur eine Gebühr auslösen, wenn sie vom Gericht verbunden werden.

IV. Streitwert

15 1. Streitwert des Verfahrens auf *Festsetzung des Regelunterhalts* nach § 41 a Abs. 1 Nr. 1 GKG ist der Jahresbetrag des im Verfahren endgültig rechtskräftig festgesetzten Regelunterhalts. Bis zur Rechtskraft der Entscheidung ist der Streitwert in sinngemäßer Anwendung von § 13 Abs. 1 S. 2 GKG nach freiem Ermessen zu schätzen, vgl. oben § 13 Anm. 7 a ff. Diese Streitwertfestsetzung kann gemäß § 23 Abs. 1 S. 3 und 4 GKG von Amts wegen geändert werden.

16 2. Streitwert des Verfahrens auf *Neufestsetzung des Regelunterhalts* nach § 41 a Abs. 1 Nr. 2 GKG ist der Unterschiedsbetrag zwischen dem bereits festgesetzten Regelunterhaltsbetrag und der vom Vater oder vom Kinde begehrten Änderung. Verlangen der Vater eine Minderung, das Kind aber eine Erhöhung, so sind die beiden Unterschiedsbeträge (Jahresbeträge) zum bisherigen Jahresbetrag des Regelunterhalts zusammenzuzählen.

17 3. Der Streitwert des Verfahrens auf *Stundung rückständiger Regelunterhaltsbeträge* oder auf *Aufhebung oder Änderung der Stundung*, § 41 a

Abs. 1 Nr. 3 GKG, ist nach dem Interesse des jeweiligen Antragstellers zu schätzen, Mümmler Büro 70, 281 [288]. Maßgebende Gesichtspunkte können sein der Zinsverlust des Kindes und das Risiko, das mit jeder Forderungsstundung für den Gläubiger verbunden ist, auf seiten des Vaters die Vorteile, die ihm die Stundung bringt.

V. Antragsrücknahme, Abs. 2

18 1. Die bereits mit Antragstellung erwachsene halbe Gebühr, Anm. 13, fällt weg, wenn der Antrag zurückgenommen wird vor Anordnung einer mündlichen Verhandlung oder vor der Entscheidung, falls diese ohne mündliche Verhandlung ergehen soll.

19 2. Die *Anordnung einer mündlichen Verhandlung* ist erfolgt, wenn die gerichtliche Verfügung durch Herausgabe der Ladung an den Gerichtswachtmeister oder an die Post vollzogen ist oder wenn eine Partei oder einer der Prozeßbevollmächtigten von der Terminbestimmung Kenntnis genommen hat, § 35 Anm. 7 GKG, vgl. auch BayObLG JR 70, 192 mit zahlreichen Nachw.

20 3. *Vor der Entscheidung.* Falls keine Anordnung einer mündlichen Verhandlung erfolgt, ist die gebührenbefreiende Antragsrücknahme noch möglich „vor der Entscheidung", d. h. vor der endgültigen die Instanz abschließenden Entscheidung, mag diese auch noch mit Rechtsmitteln anfechtbar sein. Zwischenverfügungen oder Zwischenentscheidungen, z. B. über eine Beweiserhebung, schließen die gebührenbefreiende Antragsrücknahme nicht aus. Bei Entscheidung durch Beschluß im schriftlichen Verfahren ist die Entscheidung ergangen, wenn eine der oben Anm. 19, § 35 Anm. 7 GKG genannten Voraussetzungen eingetreten ist. Die Entscheidung ist, selbst wenn sie bereits unterschrieben ist, noch nicht ergangen, solange sie der Entscheidende noch ändern kann, vgl. BayObLG JR 70, 192, KG JR 70, 72, OLG Hamburg MDR 69, 950, OLG Hamm MDR 67, 861.

VI. Beschwerdeverfahren

21 Für die Beschwerdeverfahren gilt § 46 Abs. 2 GKG. Die volle Gebühr wird hiernach nur insoweit erhoben, als die Beschwerde als unzulässig verworfen oder zurückgewiesen ist. Der für die Beschwerdegebühr maßgebende Streitgegenstand ist daher nur der Teil des Beschwerdeverfahrens, mit dem der Beschwerdeführer unterlegen ist. Kostenschuldner ist der Beschwerdeführer, § 95 GKG, daneben kommen auch Schuldner nach § 99 GKG in Frage. Siehe im übrigen § 46 Anm. 15 bis 20 GKG.

Anhang zu § 41 a GKG n. F.

Übergangsvorschriften Art. 12 NEG

§ 15

(1) Für das gerichtliche Verfahren nach § 14 und für die das Verfahren abschließende Entscheidung wird je die Hälfte der vollen Gebühr (§ 10 des Gerichtskostengesetzes) erhoben. Die gleichen Gebühren werden für das Verfahren über die Beschwerde erhoben.

(2) (Rechtsanwaltsgebühren)

(3) Der Wert des Streitgegenstandes bestimmt sich nach dem Unterschiedsbetrag zwischen der bisherigen Geldrente und dem Betrag des Regelunterhalts, dessen Festsetzung beantragt wird. § 13 Abs. 1 des Gerichtskostengesetzes ist anzuwenden.

I. Allgemeines

1 Nach Art. 12 § 14 der Übergangsvorschriften zum NEG vom 19. 8. 69 — BGBl. I 1243 — können Schuldtitel, die auf Unterhaltsleistung zu Gunsten eines nichtehelichen Kindes lauten und vor dem 1. 7. 1970 entstanden sind, auf Antrag in Schuldtitel auf Leistung des Regelunterhalts umgewandelt werden. Gleichzeitig ist der Betrag des Regelunterhalts festzusetzen. Das Gericht soll auf eine gütliche Einigung hinwirken und kann mit den Parteien mündlich verhandeln. Eine etwaige Einigung ist zu gerichtlichem Protokoll zu nehmen. Kommt keine Einigung zustande, entscheidet das Gericht durch Beschluß. Gegen die Entscheidung findet die sofortige Beschwerde statt. Eine weitere Beschwerde ist ausgeschlossen. Den Parteien ist vorbehalten, eine abweichende Entscheidung über den Unterhalt im Wege der Klage zu verlangen, Art. 12 § 16 der Übergangsvorschriften zum NEG.

II. Einzelnes

2 1. Für das gerichtliche Umstellungsverfahren nach § 14 erwächst als *Verfahrensgebühr* eine halbe Gebühr. Sie gilt auch eine etwaige mündliche Verhandlung und Beweisaufnahme ab sowie die Beurkundung einer Einigung. Sie bleibt auch verfallen, wenn der Antrag zurückgenommen wird. Kommt es zu einer das Verfahren abschließenden *Entscheidung,* so erwächst eine weitere halbe Gebühr. Zwischenentscheidungen, z. B. Beweisanordnungen, lösen die Entscheidungsgebühr nicht aus. Erst die endgültige, das Verfahren im Rechtszug abschließende Entscheidung läßt die halbe Gebühr entstehen. Macht das Gericht den Parteien in einem Beschluß einen Einigungsvorschlag und nehmen die Parteien diesen Einigungsvorschlag an, so handelt es sich nicht um eine das Verfahren abschließende Entscheidung, da in diesem Falle die Einigung der Parteien über die Annahme des Einigungsvorschlages das Verfahren abschließt. Dagegen erwächst die Gebühr auch dann, wenn die Entscheidung auf Grund eines Anerkenntnisses des in Anspruch genommenen Kindsvaters ergeht.

3 2. *Beschwerdeverfahren,* Abs. 1 S. 2. Gegen die Entscheidung ist die sofortige Beschwerde zulässig, Art. 12 § 14 Abs. 4 der Übergangsvorschriften. Auch im Beschwerdeverfahren erwachsen für das *Verfahren* eine halbe Verfahrensgebühr und für die *Entscheidung* eine halbe Entscheidungsgebühr, sofern die Beschwerdeentscheidung das Beschwerdeverfahren abschließt. Eine weitere Beschwerde ist zwar unzulässig. Wird sie trotzdem eingelegt, erwächst auch hierfür die halbe Verfahrensgebühr und im Falle einer Entscheidung (Verwerfung der weiteren Beschwerde als unzulässig) auch die Entscheidungsgebühr.

4 3. *Streitwert,* siehe Nachtrag zu § 13 Anm. 9 c (Anh. Art. 12 § 15 NEG).

Zu § 43 GKG n. F. (Seite 13 u. 390 des Kommentars):

§ 43

Mehrere Verfahren

(1) Jedes Verfahren der in §§ 39, 40, 41, 41 a, 42 bezeichneten Art gilt für die Gebührenerhebung als besonderer Rechtsstreit.

(2) Jedoch wird für mehrere Verfahren nach § 627 oder § 641 d der Zivilprozeßordnung (§ 41 Abs. 1) die Gebühr in jedem Rechtszug nur einmal erhoben. Das gleiche gilt bei Verfahren der in § 42 Abs. 1 Nr. 2 bezeichneten Art, sofern sie denselben Anspruch und denselben Gegenstand betreffen.

1 Durch das NEG vom 19. 8. 1969 — BGBl. I 1243 — wurden in Abs. 1 der § 41 a GKG und in Abs. 2 der § 641 d ZPO eingefügt.

zu 2 u. 3 Die Ausführungen zu Anm. 2 und 3 des § 43 (S. 391, 392 des Kommentars) gelten auch für die Verfahren nach § 41 a GKG, der die Verfahren über den Unterhalt eines nichtehelichen Kindes behandelt, wenn dem Festsetzungsverfahren kein gerichtsgebührenauslösendes Prozeßverfahren vorausgegangen ist. Siehe im einzelnen über den Fall, daß mehrere Verfahren nach § 41 a GKG anhängig werden, Nachtrag § 41 a GKG Anm. 14.

zu 4 Auch im Falle des § 641 d ZPO, also des Verfahrens auf einstweilige Anordnung der Unterhaltszahlung oder Sicherstellung des Unterhalts zu Gunsten eines nichtehelichen Kindes im Vaterschaftsprozeß, wird die halbe Gebühr des § 41 aus demselben Streitgegenstand in jedem Rechtszug nur einmal erhoben, § 43 Abs. 2 GKG, s. im übrigen Nachtrag zu § 41 Anm. 1 a und Odersky NEG Art. 9 Nr. 4 Anm. 3.

Zu § 46 GKG n. F. (Seite 13 u. 403 des Kommentars):

§ 46

Beschwerden

(1) Für das Verfahren über Beschwerden nach § 71 Abs. 2, § 91 a Abs. 2, § 99 Abs. 2, § 271 Abs. 3, § 627 Abs. 4, § 641 d Abs. 3 der Zivilprozeßordnung wird die volle Gebühr erhoben. Das gleiche gilt für Beschwerden über die Zurückweisung eines Antrags auf Anordnung eines Arrestes oder einer einstweiligen Verfügung.

(2) Im übrigen wird für das Verfahren in der Beschwerdeinstanz die im Absatz 1 bestimmte Gebühr nur erhoben, soweit die Beschwerde als unzulässig verworfen oder zurückgewiesen wird. Auslagen, die durch eine für begründet befundene Beschwerde entstanden sind, werden nicht erhoben, soweit das Beschwerdeverfahren gebührenfrei ist; dies gilt nicht, soweit das Beschwerdegericht die Kosten dem Gegner des Beschwerdeführers auferlegt hat.

zu 1 Durch das NEG vom 19. 8. 1969 — BGBl. I 1243 — wurde mit Wirkung ab 1. 7. 1970 in Absatz 1 der § 641 d Abs. 3 ZPO eingefügt.

Zu § 46 GKG n. F. (Seite 408 des Kommentars):

12a *§ 641 d Abs. 3 ZPO.* Beschwerde gegen den Beschluß, durch den über den Antrag auf einstweilige Anordnung zur Leistung von Unterhalt oder Sicherheitsleistung für den Unterhalt im Vaterschaftsprozeß entschieden wurde, *volle Gebühr. Fälligkeit* mit Einlegung der Beschwerde. Für das der Beschwerde zu Grunde liegende Anordnungsverfahren erwächst nur die halbe Gebühr, § 41 GKG. Auch eine etwaige weitere Beschwerde löst die Gebühr nach § 46 Abs. 1 aus. Auch wenn der Beschwerde durch das Gericht abgeholfen wird, bleibt die Gebühr verfallen, sofern nicht die Voraussetzungen des § 7 GKG gegeben sind. Die Gebühr bleibt auch bestehen, wenn die Beschwerde zurückgenommen wird. Das für das Vaterschaftsverfahren und ein möglicherweise damit verbundenes Verfahren auf Leistung des Regelunterhalts bewilligte *Armenrecht* erstreckt sich nicht auf das Anordnungsverfahren. *Kostenschuldner* ist der Beschwerdeführer, auch soweit er mit der Beschwerde obsiegt, daneben Kostenschuldner nach § 99 GKG. Die Beschwerdegebühr wird hinsichtlich desselben Beschwerdegegenstandes in jedem Rechtszug nur einmal erhoben, § 43 Abs. 2 GKG. Wegen der Beschwerde im Umstellungsverfahren nach Artikel 12 § 14 der Überleitungsvorschriften zum NEG siehe Nachtrag Anh. zu § 41 a Anm. 3.

Zu § 54 GKG n. F. (Seite 15 u. 439 des Kommentars):

§ 54

Eidesstattliche Versicherung

Für das Verfahren zur Abnahme **der eidesstattlichen Versicherung** nach § 125 der Konkursordnung einschließlich des Verfahrens über Anträge auf Erzwingung der **Abgabe der eidesstattlichen Versicherung** (§ 901 der Zivilprozeßordnung) werden besondere Gebühren nicht erhoben.

1 I. Durch Artikel 2 § 10 des Gesetzes zur Änderung des Rechtspflegergesetzes, des Beurkundungsgesetzes und zur Umwandlung des Offenbarungseides in eine eidesstattliche Versicherung v. 27. 6. 1970 — BGBl. I 911 — wurde die Vorschrift dahin geändert, daß nicht mehr vom Offenbarungseid, sondern von der Abgabe der eidesstattlichen Versicherung die Rede ist. Sonst keine Änderungen.

Zu § 57 GKG n. F. (Seite 16 u. 446 des Kommentars):

§ 57

Vergleichsverfahren

(1) Für das Vergleichsverfahren zur Abwendung des Konkurses wird die volle Gebühr erhoben. Die Gebühr ermäßigt sich auf die Hälfte der vollen Gebühr, wenn das Verfahren sich ohne Anberaumung eines Vergleichstermins erledigt.

(2) Wird das Vergleichsverfahren in das Konkursverfahren übergeleitet (§ 102 der Vergleichsordnung), so wird die im Vergleichsverfahren nach Absatz 1 entstandene Gebühr auf die in § 50 bestimmte Gebühr angerechnet. Wird bei Beendigung des Vergleichsverfahrens die Eröffnung des Konkursverfahrens abgelehnt, so wird die Gebühr des § 49 nicht erhoben.

(3) Für das Verfahren zur Abnahme **der in § 69 Abs. 2 der Vergleichsordnung vorgesehenen eidesstattlichen Versicherung** wird eine Gebühr nicht erhoben.

1 I. Durch Artikel 2 § 10 des Gesetzes zur Änderung des Rechtspflegergesetzes, des Beurkundungsgesetzes und zur Umwandlung des Offenbarungseides in eine eidesstattliche Versicherung v. 27. 6. 1970 — BGBl. I 911 — wurde die Vorschrift dahin geändert, daß nicht mehr vom Offenbarungseid, sondern von der Abgabe der eidesstattlichen Versicherung die Rede ist. Sonst keine Änderungen.

Zu § 67 GKG n. F. (Seite 20 u. 492 des Kommentars):

§ 67

Grundlage der Gebührenbemessung

(1) In Strafsachen bemessen sich die Gerichtsgebühren für alle Rechtszüge nach der rechtskräftig erkannten Strafe.

(2) Bei Verurteilung zu Jugendstrafe von unbestimmter Dauer bemißt sich die Gebühr nach dem im Urteil festgesetzten Mindestmaß. Bestimmt das Urteil das Mindestmaß nicht ausdrücklich, so wird das gesetzliche Mindestmaß zugrunde gelegt.

(3) Ist auf Geldstrafe erkannt, so bleibt bei der Bemessung der Gebühr die Ersatzfreiheitsstrafe außer Betracht. **Ist neben einer Freiheitsstrafe auf Geldstrafe erkannt, so wird die Gebühr nach jeder Strafe gesondert berechnet.**

(4) Eine Gebühr wird für alle Rechtszüge auch bei rechtskräftiger Anordnung einer Maßregel der Sicherung und Besserung erhoben. Ist die Maßregel neben einer Strafe angeordnet worden, so wird die Gebühr gesondert berechnet.

[Die alte Fassung (4) entfällt, die frühere Fassung (5) wurde die neue Fassung (4)]

zu 1 1. Durch Artikel 48 des Ersten Gesetzes zur Reform des Strafrechts vom 25. 6. 1969 (1. StrRG) — BGBl. I 645 —, in Kraft seit 1. 9. 1969, Artikel 105 Abs. 1 b des 1. StrRG, wurde § 67 Abs. 3 S. 2 GKG der bisherigen Fassung gestrichen. Durch Artikel 42 EGOWiG vom 24. 5. 1968 — BGBl. I 503— wurde der bisherige § 67 Abs. 4 GKG gestrichen. Der frühere Abs. 5 wurde zum Abs. 4. Diese Vorschrift ist seit dem 1. 10. 1968 in Kraft. Siehe im übrigen Anm. 1 zu § 67 GKG (S. 493 des Kommentars).

Zu § 67 GKG n. F. (Seite 498 des Kommentars):

zu 8 Durch das 1. StrRG wurde der frühere § 27 b StGB dahin abgeändert, daß das Gericht nicht mehr an Stelle einer an sich verwirkten Freiheitsstrafe auf eine Geldstrafe, sondern unmittelbar auf die Geldstrafe erkennt, wenn die gesetzlichen Voraussetzungen hierfür gegeben sind, § 14 StGB i. d. F. des 1. StrRG vom 25. 6. 1969 — BGBl. I 645 —, vgl. auch Artikel 106 1. StrRG, § 27 b StGB. Da eine Geldstrafe an Stelle einer an sich verwirkten Freiheitsstrafe nicht mehr verhängt werden darf, wurde § 67 Abs. 3 S. 2 GKG a. F. gestrichen.

zu 9 Der frühere Abs. 4 des § 67 i. d. F. des Gesetzes vom 26. 7. 1957 — BGBl. I 861, 941 — wurde durch Artikel 42 des EGOWiG vom 24. 5. 68

— BGBl. I 503 — gestrichen. Das war erforderlich, weil nunmehr in § 83 GKG i. d. F. des Art. 42 EGOWiG das Einziehungsverfahren gebührenrechtlich selbständig geregelt ist, gleichgültig ob die Einziehung im Strafverfahren oder im selbständigen Verfahren erfolgt. Wegen der nunmehrigen Regelung s. unten § 83 GKG n. F.

Zu § 68 GKG n. F. (Seite 20 u. 501 des Kommentars):

§ 68

Nachträgliche Bildung einer Gesamtstrafe oder einer Einheitsstrafe

(1) Wird auf Grund des § 76 Abs. 1 des Strafgesetzbuchs eine Gesamtstrafe gebildet, so bemißt sich die Gebühr für das neue Verfahren nach dem Betrag, um den die Gesamtstrafe die früher erkannte Strafe übersteigt. Dies gilt entsprechend, wenn ein Urteil, in dem auf Jugendstrafe erkannt ist, nach § 31 Abs. 2 des Jugendgerichtsgesetzes in ein neues Urteil einbezogen wird.

(2) In den Fällen des § 460 der Strafprozeßordnung und des § 66 des Jugendgerichtsgesetzes verbleibt es bei den Gebühren für die früheren Verfahren.

1a Durch das Erste Gesetz zur Reform des Strafrechts trat an die Stelle des bisherigen § 79 StGB, der die nachträgliche Bildung einer Gesamtstrafe oder einer Einheitsstrafe behandelte, der nunmehrige § 76 Abs. 1 StGB n. F. Es war daher notwendig, daß durch Art. 48 des 1. StrRG der § 68 GKG dahin geändert wurde, daß in Abs. 1 an Stelle des bisherigen § 79 StGB der nunmehrige § 76 Abs. 1 StGB n. F. genannt wird. Die Vorschrift ist gemäß Art. 105 Abs. 1 b des 1. StrRG seit 1. 9. 1969 in Kraft.

Zu § 69 GKG n. F. (Seite 20 u. 503 des Kommentars):

§ 69

Mehrere Angeschuldigte

Betrifft eine Strafsache mehrere Angeschuldigte, so ist die Gebühr von jedem gesondert nach Maßgabe der gegen ihn erkannten Strafe oder angeordneten Maßregel der Sicherung und Besserung zu erheben. (Der bisherige Abs. 2 ist gestrichen).

Zu § 69 GKG n. F. (Seite 505 des Kommentars):

4a Abs. 2 des § 69 a. F. wurde durch Art. 42 Nr. 2 EGOWiG gestrichen, weil nunmehr die Nebenfolgen der Einziehung, der Einziehung des Wertersatzes, der Unbrauchbarmachung, der Verfallerklärung oder der Abführung des Mehrerlöses, mögen sie im Strafverfahren oder im selbständigen Verfahren nach §§ 440, 441, 444 Abs. 3 StPO erfolgen, einheitlich in § 83 GKG n. F. geregelt sind und zwar in dem Sinne, daß für diese Nebenfolgen selbständige Gebühren nur erhoben werden, wenn gegen die Verhängung der Nebenfolgen ein Rechtsmittel- oder Wiederaufnahmeverfahren betrieben wird. Die dem Rechtsmittel oder Wiederaufnahmeverfahren zu Grunde liegende erste Entscheidung über die Nebenfolgen ist im Gegensatz zum bisherigen § 69 Abs. 2 GKG a. F. nunmehr gebührenfrei. Das gilt sowohl für die Verhängung der Nebenfolgen im Strafverfahren wie im selbständigen, sog. objektiven Verfahren.

Zu § 70 GKG n. F. (Seite 21 u. 507 des Kommentars):

§ 70

Gebührensätze im ersten Rechtszug

(1) (unverändert)

(2) (unverändert)

(3) Ist eine Maßregel der Sicherung und Besserung angeordnet worden, so wird eine Gebühr von 100 Deutsche Mark erhoben. Bei Entziehung der Erlaubnis zum Führen von Kraftfahrzeugen beträgt die Gebühr 30 Deutsche Mark.

5a Durch Artikel 42 EGOWiG wurde der bisherige § 67 Abs. 4 GKG a. F. gestrichen. Es wird hiernach und gemäß § 83 GKG n. F. für die Anordnung einer Einziehung keine Gebühr erhoben, soweit es sich um den erstmaligen Ausspruch der Einziehung handelt. Nur wenn gegen die Einziehung ein Rechtsmittel- oder Wiederaufnahmeverfahren betrieben wird, erwächst für diese Verfahren eine Gebühr. Die bisherige Regelung des § 70 Abs. 3 S. 2 zweiter Halbsatz, wonach neben der Gebühr für die Entziehung der Erlaubnis zum Führen von Kraftfahrzeugen keine weitere Gebühr für die Einziehung des Führerscheins anfiel, ist daher nunmehr jedenfalls für die erste Entscheidung über die Einziehung des Führerscheins überflüssig. Wird aber allein gegen die Entscheidung über die Einziehung des Führerscheins ein Rechtsmittel- oder Wiederaufnahmeverfahren betrieben, so erwächst hierfür die Gebühr des § 83 GKG n. F. Richtet sich dagegen das Rechtsmittel- oder Wiederaufnahmeverfahren sowohl gegen die Entziehung der Erlaubnis zum Führen von Kraftfahrzeugen wie gegen die Einziehung des Führerscheins, so wird auch künftig davon ausgegangen werden dürfen, daß für das Rechtsmittelverfahren nur die Gebühr für die Entziehung der Erlaubnis zum Führen von Kraftfahrzeugen anzusetzen ist und daneben keine weitere Gebühr für das Rechtsmittelverfahren über die Einziehung des Führerscheins anfällt. Man wollte, wie sich aus der Begründung des Sonderausschusses für die Strafrechtsreform ergibt, Bundestagsdrucksache V 4094 S. 55 zu Nr. 3, mit der Streichung des § 70 Abs. 3 S. 2 Halbsatz 2 GKG a. F. lediglich eine für überflüssig erachtete Bestimmung beseitigen, an dem Grundgedanken des § 70 Abs. 3 S. 2, daß neben der Gebühr für die Entziehung der Erlaubnis zum Führen von Kraftfahrzeugen nicht auch noch eine Gebühr für die Einziehung des Führerscheins erwachsen sollte, aber nichts ändern. Die Vorschrift, die auf Art. 48 des 1. StrRG beruht, ist seit dem 1. 4. 1970 in Kraft, Art. 105 Abs. 2 des 1. StrRG.

Zu § 83 GKG n. F. (Seite 24 u. 561 ff. des Kommentars):

§ 83

Anordnung von Nebenfolgen

(1) Wird im Strafverfahren oder im selbständigen Verfahren nach den §§ 440, 441, 444 Abs. 3 der Strafprozeßordnung

1. die Einziehung, Einziehung des Wertersatzes, Vernichtung, Unbrauchbarmachung, Verfallerklärung oder Abführung des Mehrerlöses angeordnet oder

2. eine Geldbuße gegen eine juristische Person oder eine Personenvereinigung festgesetzt,

so werden die nach Absatz 3 zu bemessenden Gebühren nur für das gegen dieses Erkenntnis gerichtete Rechtsmittel- und Wiederaufnahmeverfahren erhoben. Wird im Nachverfahren (§ 439 der Strafprozeßordnung) der Antrag zurückgewiesen, so gilt Satz 1 entsprechend.

(2) Betrifft das Verfahren mehrere Angeklagte und wird wegen derselben Tat eine Nebenfolge nach Absatz 1 Satz 1 Nr. 1 angeordnet, so wird nur eine Gebühr erhoben. § 103 bleibt unberührt.

(3) Bei der Bemessung der Gebühren sind der Wert der Gegenstände, auf die sich die Entscheidung bezieht, und die Geldbuße wie eine Geldstrafe zu behandeln. Besteht der Gegenstand nicht in einem Geldbetrag, so setzt das Gericht den Wert fest. Der Wert wird nach dem Zeitpunkt der Entscheidung bestimmt.

(4) Wird der Antrag des Privatklägers nach § 440 der Strafprozeßordnung zurückgewiesen, so beträgt die Gebühr in jedem Rechtszug vierzig Deutsche Mark. Sie beträgt zwanzig Deutsche Mark, wenn durch Beschluß entschieden wird.

I. Allgemeines

1 Die Vorschrift wurde durch Art. 42 EGOWiG völlig neu gefaßt. Während § 83 GKG a. F. lediglich das selbständige Einziehungsverfahren behandelte, sind im nunmehrigen § 83 GKG n. F. die Anordnung von Nebenfolgen im Strafverfahren und das selbständige Einziehungsverfahren gemeinsam behandelt und darüber hinaus auch der Fall, daß eine Geldbuße gegen eine juristische Person oder Personenvereinigung festgesetzt wurde. Hierzu bestimmt Abs. 1, daß Gebühren für den Fall der Anordnung von Nebenfolgen oder der Verhängung einer Geldbuße gegen eine juristische Person oder eine Personenvereinigung nur für ein gegen die Entscheidung gerichtetes Rechtsmittel- und Wiederaufnahmeverfahren erhoben werden, Abs. 1 S. 1. Dasselbe gilt, wenn ein derartiger Antrag im Nachverfahren nach § 439 StPO zurückgewiesen wird, Abs. 1 S. 2.

1a In Abs. 2 ist bestimmt, daß für das Rechtsmittel- oder Wiederaufnahmeverfahren hinsichtlich der in Abs. 1 genannten Maßnahmen auch dann nur eine Gebühr erhoben wird, wenn das Verfahren mehrere Angeklagte betrifft. Für die Gebühr haften mehrere Kostenschuldner als Gesamtschuldner, Abs. 2 Satz 2. Die Vorschrift deckt sich inhaltlich im wesentlichen mit dem früheren § 69 Abs. 2 GKG a. F. Hat das Gericht gegen einzelne Mitverurteilte von der Auferlegung von Kosten gemäß § 74 JGG abgesehen, so mindert sich die von den übrigen Mittätern zu tragende Gebühr nach dem Verhältnis der Zahl der gemäß § 74 JGG frei gestellten Mittäter zu der Gesamtzahl aller verurteilten Mittäter, Ort JVBl. 70, 97 (99).

1b Der Absatz 3 bestimmt, daß für die Gebührenbemessung der Wert der Gegenstände und die Geldbuße wie eine Geldstrafe zu behandeln sind. Falls der Geldwert nicht feststeht, hat ihn das Gericht festzusetzen und zwar nach dem Zeitpunkt der Entscheidung. Diese Regelung deckt sich mit der des früheren § 67 Abs. 4 GKG a. F.

1c Der Absatz 4 behandelt den Fall, daß der Antrag eines Privatklägers auf Einziehung im selbständigen Einziehungsverfahren nach § 440 StPO zurückgewiesen wird und bestimmt die in diesem Falle erwachsenden Gebühren.

II. Einzelnes

2 1. Während nach dem früheren § 67 Abs. 4 GKG a. F. für den Fall, daß im *Strafverfahren* auf Einziehung, Ersatzeinziehung, Wertersatz an

Stelle von Einziehung, Vernichtung, Unbrauchbarmachung, Verfallerklärung oder Abführung des Mehrerlöses erkannt wurde, eine Gebühr aus dem Geldwert des betroffenen Gegenstandes wie bei einer Geldstrafe zu berechnen war, fällt nach dem nunmehrigen § 83 GKG n. F. für dieses erste Erkenntnis auf Einziehung, Einziehung des Wertersatzes usw. keine Gebühr an. Lediglich wenn gegen die Entscheidung auf Einziehung, Einziehung des Wertersatzes usw. ein Rechtsmittel- oder Wiederaufnahmeverfahren betrieben wird, erwachsen für dieses Rechtsmittel- oder Wiederaufnahmeverfahren Gebühren. Wegen der Höhe der Gebühren siehe Abs. 3 und unten Anm. 8.

3 2. Die im *selbständigen,* dem sog. objektiven *Einziehungsverfahren* nach §§ 440, 441, 444 Abs. 3 StPO erwachsenden Gebühren waren früher im § 83 GKG a. F. geregelt. Dieses Verfahren wird nun gebührenrechtlich ebenso behandelt wie eine Einziehung, Ersatzeinziehung usw. im Strafverfahren. Es fallen daher auch hier für das erste Erkenntnis auf Einziehung, Ersatzeinziehung usw. keine Gebühren an. Lediglich für die gegen das erste Erkenntnis gerichteten Rechtsmittel- oder Wiederaufnahmeverfahren erwachsen Gebühren, deren Höhe sich für den Fall der Einziehung nach Abs. 3, Anm. 8, richtet, während die Gebühren für die Zurückweisung des Antrages eines Privatklägers auf Einziehung im selbständigen Verfahren in Abs. 4, Anm. 9, geregelt sind.

4 3. *Nachverfahren nach § 439 StPO,* Abs. 1 S. 2. Nach dieser Vorschrift kann ein Einziehungsbeteiligter unter Umständen auch noch nach Rechtskraft einer auf Einziehung eines Gegenstandes lautenden Entscheidung seine Rechte als Einziehungsbeteiligter in einem Nachverfahren geltend machen. Wird der Antrag des Nebenbeteiligten im Nachverfahren zurückgewiesen, so erwachsen für dieses erste Erkenntnis keine Gebühren. Lediglich wenn der Nebenbeteiligte gegen dieses Erkenntnis ein Rechtsmittel- oder Wiederaufnahmeverfahren betreibt, entstehen Gebühren, deren Höhe sich nach Abs. 3 richtet.

5 4. *Geldbuße gegen eine juristische Person oder eine Personenvereinigung,* Abs. 1 S. 1 Nr. 2. Wenn gegen eine juristische Person oder einen nicht rechtsfähigen Verein oder eine Personenhandelsgesellschaft als Nebenfolge einer Straftat oder Ordnungswidrigkeit eines vertretungsberechtigten Organs oder Mitglieds eines solchen Organs, eines Vorstands eines nicht rechtsfähigen Vereins oder eines Mitglieds eines solchen Vorstandes oder eines vertretungsberechtigten Gesellschafters einer Personenhandelsgesellschaft eine Geldbuße verhängt wird, bestimmt Abs. 1 S. 1 Nr. 2, daß für das erste auf Geldbuße lautende Erkenntnis keine Gebühr erwächst, wohl aber für ein gegen dieses Erkenntnis gerichtetes Rechtsmittel- oder Wiederaufnahmeverfahren.

6 5. *Rechtsmittel- und Wiederaufnahmeverfahren*, Abs. 1 S. 1. Rechtsmittel sind gemäß §§ 296 ff. StPO die Berufung, Revision und die Beschwerde. Das Wiederaufnahmeverfahren ist in den §§ 359 ff. StPO geregelt.

7 6. *Mehrere Angeklagte*, Abs. 2. Entsprechend dem bisherigen § 69 Abs. 2 GKG a. F. bestimmt der nunmehrige § 83 Abs. 2, daß für die Einziehung, Einziehung des Wertersatzes usw. auch dann *nur eine Gebühr erwächst*, wenn das Strafverfahren *mehrere Angeklagte und dieselbe Tat* betrifft. Das gilt auch, wenn das Strafverfahren und die Entscheidung *mehrere Angeklagte* und *mehrere durch sie verübte Taten* zum Gegenstand hat. Handelt es sich aber um *mehrere Angeklagte* und wird wegen *verschiedener Straftaten* die Einziehung, Ersatzeinziehung usw. angeordnet, so erwächst insoweit, als es sich nicht um eine auf Grund derselben Tat erfolgende Einziehung handelt, die Gebühr für jede Einziehungsmaßnahme gesondert. Wird z. B. gegen den Angeklagten A auf Einziehung eines von ihm zu seiner allein begangenen Tat benutzten Fahrrades und gegen B auf Einziehung des von diesem zu einer anderen ohne Beteiligung des A begangenen Tat benutzten Autos erkannt, so erwächst für jede Einziehungsanordnung eine selbständige Gebühr, da es sich dann nicht um eine auf Grund derselben Tat erfolgende Einziehung handelt. *Aber auch hier gilt Abs. 1, daß eine Gebühr nicht für die erste Einziehungsanordnung, sondern nur für ein gegen dieses Erkenntnis gerichtetes Rechtsmittel- oder Wiederaufnahmeverfahren erwächst.*

Betreiben mehrere Angeklagte ein Rechtsmittel oder ein Wiederaufnahmeverfahren gegen die Einziehungsanordnung, so erwächst hierfür nur eine Gebühr, wenn sich die Rechtsmittel- oder Wiederaufnahmeverfahren gegen dieselbe Einziehungsanordnung richten, nicht aber wenn sie Einziehungsmaßnahmen zum Gegenstande haben, an denen die Angeklagten, die das Rechtsmittel- oder Wiederaufnahmeverfahren betreiben, nicht gemeinsam beteiligt sind. Soweit mehrere Angeklagte an der Einziehungsmaßnahme wegen derselben Tat beteiligt sind, haftet jeder von ihnen gemäß § 103 GKG als Gesamtschuldner für die ganze Gebühr. Die Gebühr muß aber nur einmal entrichtet werden. Der Angeklagte, der sie zahlt, hat einen Ausgleichsanspruch gegen die an derselben Tat mitbeteiligten Angeklagten, den er außerhalb des Gerichtskostenansatzverfahrens zivilrechtlich geltend machen kann. Wenn gegen die Einziehung desselben Gegenstandes sowohl einer oder mehrere Angeklagte und gleichzeitig einer oder mehrere Einziehungsbeteiligte das Rechtsmittel- oder Wiederaufnahmeverfahren betreiben, so wird auch in diesem Fall, soweit es sich um dieselbe Tat und denselben Einziehungsgegenstand handelt, Abs. 2 dahin auszulegen sein, daß nur eine Gebühr erwächst. Anders wäre es, wenn die Rechtsmittel- oder

Wiederaufnahmeverfahren verschiedene Einziehungsanordnungen auf Grund verschiedener Taten zum Gegenstand hätten. Dann würden für jede Einziehungsanordnung verschiedene Gebühren entstehen. So weit es sich um denselben Einziehungsgegenstand handelt, haften für die Gebühr Angeklagte und Nebenbeteiligte als Gesamtschuldner §§ 99 Nr. 1, 103 GKG (so auch die Begründung zu Art. 138 EGOWiG Bundestagsdrucksache V 1319 S. 126).

8 7. *Gebühren,* Abs. 3. Für die Berechnung der Gebühren wird der Wert der Gegenstände, die der Anordnung auf Einziehung, Einziehung des Wertersatzes usw. unterliegen, und einer Geldbuße gegen eine juristische Person oder eine Personenvereinigung, Abs. 1 Nr. 2, wie eine Geldstrafe behandelt. Ist nicht ein Geldbetrag einzuziehen, so setzt das Gericht den Geldwert des Gegenstandes, der als Geldstrafe der Gebührenberechnung zu Grunde gelegt wird, fest und zwar nach dem Wert im Zeitpunkt der Rechtskraft der Entscheidung, Abs. 3 S. 2, 3. Die Vorschrift entspricht inhaltlich dem früheren § 67 Abs. 4 GKG a. F., so daß auf die Erläuterungen Anm. 9 bis 12 zu § 67 GKG a. F., (S. 498, 499 des Kommentars), Bezug genommen werden kann. Die Gebühren werden für das Rechtsmittel- und Wiederaufnahmeverfahren erhoben, wenn die Anordnung der Einziehung, Ersatzeinziehung usw. oder die Festsetzung der Geldbuße rechtskräftig wird, also vor allem im Falle der rechtskräftigen Zurückweisung des Rechtsmittel- oder Wiederaufnahmeantrages, aber auch bei sonstiger Erledigung des Verfahrens, z. B. durch Rücknahme des Rechtsmittel- oder Wiederaufnahmeantrages gegen eine Einziehungsanordnung oder Festsetzung einer Geldbuße. Die Höhe der Gebühren richtet sich nach § 72 für das Berufungs- und Revisionsverfahren und § 73 für das Wiederaufnahmeverfahren je in Verbindung mit § 70 GKG. Für die Zurückweisung einer Beschwerde ist nach § 85 Abs. 1 GKG n. F. die Hälfte der Gebühren des § 70 zu erheben.

9 8. *Zurückweisung des Einziehungsantrags eines Privatklägers im selbständigen Einziehungsverfahren,* Abs. 4. Gemäß § 440 StPO kann den Antrag, die Einziehung eines Gegenstandes oder des Wertersatzes selbständig anzuordnen, neben der Staatsanwaltschaft auch der Privatkläger stellen. Wird nach diesem Antrag die Einziehung angeordnet, erwächst hierfür keine Gebühr. Erst für ein gegen die Anordnung betriebenes Rechtsmittel- oder Wiederaufnahmeverfahren kann eine Gebühr erwachsen, Abs. 1 Anm. 3. Wird der Antrag des Privatklägers auf Einziehung im selbständigen Verfahren zurückgewiesen, so erwachsen hierfür im Gegensatz zu Abs. 1 bereits für die erste Entscheidung über die Zurückweisung des Antrages Gebühren und weitere Gebühren im Rechtsmittel- und Wiederaufnahmeverfahren. Im Gegensatz zum früheren § 83 GKG a. F. entstehen die Gebühren aber nurmehr für den *Fall der Zurückweisung* des Antrages, nicht im Falle einer sonstigen Erledigung, z. B. durch Rücknahme des Antrages. Legt ein *Nebenkläger* selbständig ein Rechtsmittel ein oder betreibt er selbständig ein Wiederaufnahmeverfahren und wird sein Antrag zurückgewiesen, so schuldet er für das Rechtsmittelverfahren und das Wiederaufnahmeverfahren die gleichen Gebühren wie ein Privatkläger, § 82 GKG a. F., 113 Abs. 2 GKG n. F.

10 9. Die *Gebühr* beträgt in jedem Rechtszug 40 Deutsche Mark, wenn durch Urteil entschieden wird und zwanzig Deutsche Mark bei Entscheidung durch Beschluß. Keine Gebühr, wenn sich das Verfahren in anderer Weise als durch Zurückweisung des Antrages erledigt, Anm. 9. Die Gebühr kann bis auf 5 Deutsche Mark herabgesetzt oder bis auf das Zwanzigfache erhöht werden, § 84 GKG n. F.

III. Fälligkeit der Gebühren und Auslagen

11 Die Gebühren und Auslagen für das Rechtsmittel- oder Wiederaufnahmeverfahren werden hinsichtlich der *Anordnung* einer Einziehung, Ersatzeinziehung usw. oder der Festsetzung einer Geldbuße erst mit der Rechtskraft der Anordnung oder der Festsetzung der Geldbuße fällig, § 109 Abs. 2 für das Strafverfahren und § 109 Abs. 1 für das selbständige Einziehungsverfahren. Die Gebühren und Auslagen, die den Privatkläger für die Zurückweisung des Antrags treffen, Abs. 4, Anm. 9, werden fällig, sobald die Entscheidung über die Zurückweisung rechtskräftig ist, § 109 Abs. 1.

IV. Kostenschuldner

12 Kostenschuldner ist derjenige, dem durch gerichtliche Entscheidung die Kosten des Verfahrens auferlegt sind, § 99 Nr. 1. Das ist bei einer Einziehung im Rahmen eines Strafverfahrens der Verurteilte, aber immer nur hinsichtlich eines von ihm gegen die Anordnung der Einziehung betriebenen Rechtsmittel- oder Wiederaufnahmeverfahrens. Bei Festsetzung einer Geldbuße gegen eine juristische Person oder eine Personenvereinigung ist Kostenschuldner die Person oder Vereinigung, der die Rechtsmittel- oder Wiederaufnahmeverfahrenskosten auferlegt sind. Ebenso ist auch für ein Rechtsmittel- oder Wiederaufnahmeverfahren eines Einziehungsbeteiligten im Nachverfahren nach § 439 StPO gegen die Zurückweisung seines Antrags allein die Kostenentscheidung maßgebend. Kostenschuldner für die Zurückweisung eines Antrages eines Privatklägers oder Nebenklägers auf selbständige Einziehung, Abs. 4, ist der Privatkläger bzw. Nebenkläger, dem die Kosten auferlegt sind.

V. Vorschußpflicht

13 Sie besteht nicht für den Angeklagten im Strafverfahren, wohl aber für den Privatkläger, der ein selbständiges Einziehungsverfahren nach Abs. 4 beantragt oder in einem solchen Verfahren ein Rechtsmittel einlegt oder die Wiederaufnahme des Verfahrens beantragt, desgleichen für einen Nebenkläger, der ein Rechtsmittel- oder Wiederaufnahmeverfahren betreibt, § 113 Abs. 2 GKG n. F.

Zu § 84 GKG n. F. (Seite 24 u. 563 des Kommentars):

§ 84

Herabsetzung, Erhöhung

Die Gebühren der §§ 77 bis 80, 83 Abs. 4 kann das Gericht bis auf 5 Deutsche Mark herabsetzen oder bis auf das Zwanzigfache erhöhen.

I. Allgemeines

1 Die Vorschrift wurde durch Art. 42 EGOWiG vom 24. 5. 1968 — BGBl. I 503 — dahin ergänzt, daß hinter der Zahl „83“ eingefügt wurde: „Abs. 4“. Sonst blieb die Vorschrift unverändert. Die Änderung wurde dadurch erforderlich, daß § 83 völlig neu gefaßt wurde und nicht mehr wie im GKG a. F. nur das selbständige Einziehungsverfahren, sondern die Anordnung von Nebenfolgen im Strafverfahren schlechthin behandelt. In § 83 Abs. 4 GKG n. F. sind die Gebühren behandelt, die erwachsen, wenn der Antrag eines Privatklägers im selbständigen Einziehungsverfahren nach § 440 StPO zurückgewiesen wird, s. Nachtrag § 83 GKG n. F., Anm. 9. Da eine Herabsetzung oder Ermäßigung der Gebühren nur für Privatklagesachen vorgesehen ist, war es notwendig, den § 84 dahin zu ändern, daß lediglich in dem die Zurückweisung des Antrages eines Privatklägers behandelnden Falle des § 83 Abs. 4 GKG n. F. und nicht auch in den sonstigen in § 83 GKG behandelten Fällen eine Herabsetzung oder Erhöhung der Gebühren erfolgen kann.

2 *II.* Siehe im übrigen die Erläuterungen zu § 84 GKG a. F. Anm. 1 bis 7.

Zu § 85 GKG n. F. (Seite 25 u. 566 ff. des Kommentars):

§ 85

Zurückweisung einer Beschwerde

(1) Für die Zurückweisung einer Beschwerde wird, wenn sie sich gegen eine Entscheidung der im § 73 Abs. 1, im § 80 Abs. 1 oder im § 83

Abs. 4 Satz 2 bezeichneten Art richtet, die dort bestimmte Gebühr, **wenn sie sich gegen eine Entscheidung der im § 83 Abs. 1 bezeichneten Art richtet, die Hälfte der Gebühren des § 70,** im übrigen eine Gebühr von zehn Deutsche Mark erhoben.

(2) Die Gebühr wird von dem Beschuldigten nur erhoben, wenn gegen ihn rechtskräftig eine Strafe erkannt oder eine Maßregel der Sicherung und Besserung angeordnet ist.

(3) Im Kostenfestsetzungsverfahren wird eine volle Gebühr (§ 10) für das Beschwerdeverfahren erhoben, soweit die Beschwerde als unzulässig verworfen oder zurückgewiesen wird.

I. Allgemeines

1 Abs. 1 wurde durch Art. 42 EGOWiG dahin geändert, daß er dem nunmehrigen § 83 GKG n. F. angepaßt wurde. Da in § 83 GKG n. F. nunmehr die Anordnung von Nebenfolgen schlechthin behandelt ist und lediglich § 83 Abs. 4 GKG n. F. den Fall der Zurückweisung eines Antrages eines Privatklägers auf Einziehung eines Gegenstandes im sogenannten selbständigen Einziehungsverfahren nach § 440 StPO behandelt, mußte in § 85 die Erwähnung des § 83 auf den Abs. 4 dieser Vorschrift beschränkt werden und für die Fälle des § 83 Abs. 1 GKG n. F. eine zusätzliche Regelung getroffen werden.

II. Einzelnes

2 1. *Beschwerde gegen eine Entscheidung im Verfahren nach § 83 Abs. 4 S. 2 GKG n. F.* Nach dieser Vorschrift erwächst für die Zurückweisung des Antrages eines Privatklägers im selbständigen Einziehungsverfahren nach § 440 StPO eine Gebühr von zwanzig Deutsche Mark, wenn durch Beschluß entschieden wird. Diese Gebühr entsteht gemäß § 83 Abs. 4 S. 1 GKG n. F. in jedem Rechtszug. „Die dort bestimmte Gebühr" beträgt daher im Falle des § 83 Abs. 4 S. 2 GKG n. F. zwanzig Deutsche Mark, wenn die Beschwerde zurückgewiesen wird.

3 2. *Beschwerden gegen eine Entscheidung der im § 83 Abs. 1 bezeichneten Art.* In § 83 Abs. 1 GKG n. F. sind die Gebühren geregelt für den Fall, daß im Strafverfahren oder im selbständigen Verfahren nach den §§ 440, 441, 444 Abs. 3 StPO die Einziehung, Einziehung des Wertersatzes, Vernichtung, Unbrauchbarmachung, Verfallerklärung oder Abführung des Mehrerlöses angeordnet oder als Nebenfolge gegen eine juristische Person oder eine Personenvereinigung eine Geldbuße festgesetzt wird oder daß im Nachverfahren des § 439 StPO ein Antrag zurückgewiesen wird. In § 83 Abs. 3 GKG n. F. ist hierzu bestimmt, daß der Wert des Einziehungsgegenstandes und die Geldbuße für die Bemessung der Gebühren wie eine Geldstrafe zu behandeln sind. Wird nun eine derartige Entscheidung nach § 83 Abs. 1 GKG n. F. mit Beschwerde angefochten und wird die Beschwerde zurückgewiesen, so entsteht hierfür die Hälfte der Gebühren des § 70, d. h. die Hälfte der in § 70 für eine Geldstrafe im Werte des Einziehungsgegenstandes oder der Geldbuße, auf die sich das Beschwerdeverfahren erstreckt, vorgesehenen Gebühren.

4 3. Vergleiche im übrigen § 85 GKG a. F. Anm. 1 mit 11.

Zu § 87 GKG n. F. (Seite 25 u. 571 des Kommentars):

§ 87

Vollstreckung in das Vermögen

Für das Verfahren zur Vollstreckung einer Entscheidung über eine Vermögensstrafe, einen aus der Straftat erwachsenen vermögensrechtlichen Anspruch, eine Buße oder über Erstattung von Kosten (§§ 406 b, 406 d, 463, 464 b der Strafprozeßordnung) werden Gebühren nach den Vorschriften des Zweiten Abschnitts gesondert erhoben.

I. Allgemeines

1 Die Vorschrift wurde durch Art. 42 EGOWiG vom 24. 5. 1968 — BGBl. I 503 — in Kraft seit 1. 10. 1968 (Art. 167 EGOWiG) dahin abgeändert, daß es nunmehr statt § 464 StPO richtig § 464 b StPO heißt. Diese Änderung wurde dadurch notwendig, daß durch Art. 2 Nr. 22 EGOWiG bestimmt wurde, daß der frühere § 464 Abs. 2 StPO, der die Erstattung von Kosten aus einem in Strafsachen ergangenen Kostenfestsetzungsbeschluß zum Gegenstand hatte, nunmehr zum § 464 b StPO wurde. Es handelt sich somit nur um eine Anpassung an die Neufassung der StPO, durch die der Inhalt des bisherigen § 87 GKG a. F. unberührt blieb.

2 2. Vgl. im übrigen § 87 GKG a. F. Anm. 1 mit 4.

Zu § 88 GKG n. F. (Seite 25 u. 573 des Kommentars):

§ 88

(1) Für das gerichtliche Verfahren nach dem Gesetz über Ordnungswidrigkeiten gelten § 67 Abs. 1, §§ 69, 70 Abs. 1, §§ 71 bis 73, 74 Abs. 2, 83 Abs. 1 bis 3, §§ 85 und 87 sinngemäß.

(2) Wird bei einem Einspruch des Betroffenen durch Beschluß entschieden (§ 72 des Gesetzes über Ordnungswidrigkeiten), so werden die vollen Gebühren des § 70 erhoben. Das gleiche gilt, wenn über die Rechtsbeschwerde nach § 79 Abs. 5 Satz 1 des Gesetzes über Ordnungswidrigkeiten durch Beschluß entschieden wird.

(3) Nimmt der Betroffene den Einspruch gegen den Bußgeldbescheid nach Beginn der Hauptverhandlung zurück oder verwirft das Gericht einen solchen Einspruch in der Hauptverhandlung durch Urteil, so wird für das gerichtliche Verfahren die Hälfte der Gebühr des § 70 erhoben.

I. Allgemeines

1 Die Vorschrift wurde durch Art. 42 EGOWiG vom 24. 5. 1968 — BGBl. I 503 — in Kraft seit 1. 10. 1968 (Art. 167 EGOWiG) neu gefaßt. Sie will dem Umstand Rechnung tragen, daß das Bußgeldverfahren nach dem OWiG i. d. F. vom 24. 5. 68 — BGBl. I 481 — weitgehend dem Strafverfahren nachgebildet ist. Die bisherigen Vorschriften über die Gebühren in gerichtlichen Verfahren nach dem Gesetz über Ordnungswidrigkeiten §§ 88 mit 90 GKG a. F. konnten daher in der einzigen Vorschrift des § 88 GKG n. F. zusammengefaßt werden.

1a Maßgebend ist die Vorschrift des § 88 GKG n. F. auch künftig nur für die Kosten *im gerichtlichen Verfahren* nach dem OWiG, nicht aber für die Kosten im *Verfahren vor der Verwaltungsbehörde,* die sich nach § 107 OWiG richten. Wird gegen einen Bußgeldbescheid der Verwaltungsbehörde Einspruch eingelegt und ergeht hierauf durch das Gericht eine Sachentscheidung, so wird damit auch die Kostenentscheidung im Bußgeldbescheid hinfällig, vgl. §§ 105, 107 OWiG. Eine Ausnahme besteht nur für den Fall, daß der Einspruch durch gerichtliches Urteil als unzulässig oder wegen Ausbleibens des Betroffenen, dessen persönliches Erscheinen in der Hauptverhandlung angeordnet war, verworfen wird, § 74 Abs. 2 OWiG. Hier fallen die Gebühren nach § 88 GKG n. F. neben den Kosten des Verfahrens vor der Verwaltungsbehörde an, s. Anm. 6, 7.

1b Geht das Gericht gemäß § 81 OWiG vom Bußgeldverfahren zum Strafverfahren über, so ist für das weitere Verfahren das OWiG nicht mehr anwendbar, § 81 Abs. 3 OWiG. Es ist daher auch kein Raum mehr für eine Anwendung der Kostenvorschriften des OWiG, §§ 105 ff. OWiG, und des § 88 GKG n. F. Es finden vielmehr die allgemeinen Vorschriften für die Gebühren in Strafsachen, §§ 67 ff. GKG, unmittelbar Anwendung. Geht im umgekehrten Fall gemäß § 82 OWiG das Strafverfahren in ein Ordnungswidrigkeitsverfahren über, so ist auf dieses Verfahren § 88 GKG n. F. anwendbar, wie sich aus § 82 Abs. 2 OWiG ergibt.

II. Einzelnes

2 1. *Sinngemäße Anwendung der Gebührenvorschriften für das Strafverfahren, Abs. 1.* Die Vorschriften sind im einzelnen aufgezählt, da nicht alle Kostenvorschriften für das gerichtliche Strafverfahren auf das gerichtliche Verfahren nach dem OWiG passen. Das kommt auch durch das Wort „sinngemäß“ zum Ausdruck, wonach eben die Vorschriften für das gerichtliche Strafverfahren nur in der für das gerichtliche Verfahren nach dem OWiG passenden Weise angewandt werden sollen.

3 2. Sinngemäß anwendbar ist *§ 67 Abs. 1 GKG n. F.*, wonach sich die Gerichtsgebühren für alle Rechtszüge nach der rechtskräftig erkannten Strafe richten. Maßgebend ist somit für die Berechnung der Gebühren die letzten Endes *rechtskräftig* verhängte Geldbuße und im Rechtsbeschwerde- und Wiederaufnahmeverfahren auch der Geldwert eingezogener Gegenstände, die gegebenenfalls zusammenzurechnen sind, § 67 Anm. 8, 10, § 88 in Verbindung mit § 83 Abs. 1. Die Dauer einer etwaigen Erzwingungshaft nach § 96 OWiG darf der Gebührenberechnung nach § 67 Abs. 1 GKG n. F. nicht zu Grunde gelegt werden.

4 3. Sinngemäße Anwendung von *§ 69 GKG n. F.* Nach dieser Vorschrift ist eine Geldbuße von jedem Betroffenen, der an der Ordnungswidrigkeit beteiligt war, nach Maßgabe der gegen ihn erkannten Geldbuße gesondert zu erheben. Keine Anwendung findet § 69 GKG auf den Fall, daß gemäß § 88 OWiG gegen juristische Personen und Personenvereinigungen eine Geldbuße verhängt wurde. Auf diesen Fall ist § 83 Abs. 1 bis 3 GKG n. F. anwendbar, s. Anm. 26 bis 28.

5 4. Sinngemäße Anwendung von *§ 70 Abs. 1 GKG n. F.* Da nach dem OWiG nur Geldbußen und Nebenfolgen in Betracht kommen, sind von § 70 Abs. 1 GKG n. F. nur die Vorschriften über die Gebühren bei Geldstrafen anwendbar. Denn die Geldbußen und der Geldwert von eingezogenen Gegenständen sind wie Geldstrafen zu behandeln, wobei aber zu beachten ist, daß nach § 88 in Verbindung mit § 83 Abs. 1 für das gerichtliche Verfahren bei der Einziehung von Gegenständen und der Verhängung von Geldbußen gegen juristische Personen und Personenvereinigungen wie für die Zurückweisung eines Antrags im Nachverfahren nach § 439 StPO Gebühren erst im Rechtsmittel- und Wiederaufnahmeverfahren erwachsen.

5. Sinngemäße Anwendung des *§ 71 GKG*

6 a) *Einspruchsrücknahme.* Geschieht sie *vor Beginn der Hauptverhandlung*, so erwächst hierfür keine Gerichtsgebühr, weil es nicht zu einer rechtskräftigen *gerichtlichen* Entscheidung kommt, wie sie § 88 Abs. 1 GKG n. F. in Verbindung mit § 67 Abs. 1 GKG vorsieht. Die *Auslagen des gericht-*

lichen Verfahrens hat der Betroffene zu tragen, wenn sie ihm gemäß § 109 OWiG durch gerichtliche Entscheidung auferlegt sind, § 99 Nr. 1 GKG. Die Hauptverhandlung beginnt mit dem Aufruf der Sache, § 72 Anm. 8. Bei *Rücknahme des Einspruchs nach Beginn der Hauptverhandlung* erwächst die Hälfte der Gebühr des § 70 aus dem Gegenstand des Einspruchsverfahrens, d. h. soweit mit dem Einspruch der Bußgeldbescheid angegriffen war, Abs. 3. Die Gebühr darf aber den Betrag der Geldbuße nicht übersteigen, § 70 Abs. 1 Halbsatz 2 GKG n. F. Sie erwächst neben den Gebühren des Verfahrens vor der Verwaltungsbehörde nach §§ 105, 107 OWiG. Für die Einziehung von Gegenständen und die Verhängung einer Geldbuße gegen juristische Personen und Personenvereinigungen wie die Zurückweisung eines Antrages im Nachverfahren nach § 439 StPO entstehen keine Gebühren, § 88 Abs. 1 in Verbindung mit § 83 Abs. 1 GKG n. F.

7 b) *Verwerfung des Einspruchs.* Sie erfolgt nach *§ 70 OWiG* durch Beschluß, wenn der Einspruch unzulässig ist. Hierfür erwächst keine Gebühr, weil für diesen Fall im § 88 GKG n. F. keine Gebühr vorgesehen ist. Das deckt sich auch mit dem Grundgedanken des § 88 GKG, daß das Ordnungswidrigkeitsverfahren kostenmäßig dem Strafbefehlsverfahren entsprechen soll. Auch dort erwächst für die Verwerfung des Einspruchs durch Beschluß keine besondere Gebühr, § 71 Anm. 4, 8, ebenso Mümmler JVBl. 69, 197 (198), Kleinknecht, OWiG § 70 Anm. 2 (vgl. § 109 Anm. 2), Göhler, OWiG § 109 Anm. 2 B, Rotberg, OWiG § 109 Anm. Abs. 2, Hilt Rpfleger 70, 85. Die durch Verwerfung des Beschlusses entstehenden Auslagen fallen dem Betroffenen zur Last. Es ist daher auch im Falle der Verwerfung des Einspruchs durch Beschluß eine Kostenentscheidung in sinngemäßer Anwendung von § 464 StPO, § 109 OWiG geboten. Ob es zweckmäßig ist, die in der Regel nur geringen Auslagen gegen den Betroffenen anzusetzen, ist eine andere Frage, im Ergebnis ebenso Mümmler, Kleinknecht, Göhler je a. a. O., während Rotberg und Hilt je a. a. O. gegen eine Kostenentscheidung und Auslagenerhebung sind. Im *Beschwerdeverfahren* Gebühr von 10 Deutsche Mark gem. § 88 Abs. 1 in Verbindung mit § 85 Abs. 1 GKG n. F.

7a Wird die Unzulässigkeit des Einspruchs *erst in der Hauptverhandlung* erkannt und wird daraufhin der Einspruch *durch Urteil verworfen,* so entsteht hierfür die Gebühr nach § 88 Abs. 3 GKG n. F. Beruhte die Tatsache, daß der unzulässige Einspruch nicht schon durch Beschluß nach § 70 OWiG verworfen wurde, auf einer unrichtigen Sachbehandlung durch das Gericht, dürfen die Kosten (Gebühr und Auslagen) gemäß § 7 GKG nicht erhoben werden. Das wäre der Fall, wenn für das Gericht schon vor Terminbestimmung die Unzulässigkeit des Einspruchs erkennbar war, vgl. Hilt a. a. O., der in diesem Falle immer § 7 GKG anwenden will.

7b Der Einspruch wird in der *Hauptverhandlung durch Urteil verworfen,* wenn der Betroffene, dessen persönliches Erscheinen angeordnet war, ohne genügende Entschuldigung ausgeblieben ist, § 74 Abs. 2 OWiG. Hierfür erwächst nach § 88 Abs. 3 GKG n. F. eine halbe Gebühr des § 70 GKG, deren Höhe sich danach richtet, inwieweit der Bußgeldbescheid im gerichtlichen Verfahren angefochten war. Neben der halben Gebühr des § 70 GKG sind auch die Kosten des Bußgeldverfahrens vor der Verwaltungsbehörde nach §§ 105, 107 OWiG zu erheben. Bei Berechnung der Gebühr bleiben der Wert eingezogener Gegenstände und Geldbußen gegen juristische Personen und Personenvereinigungen außer Betracht, § 88 Abs. 1 in Verbindung mit § 83 Abs. 1 GKG n. F.

8 c) *Entscheidung durch Urteil in der Sache.* Wird entsprechend dem Strafbefehlsverfahren, vgl. § 71 OWiG, die Hauptverhandlung durchgeführt und durch Urteil entschieden und wird dabei eine Geldbuße mit oder ohne Einziehung von Gegenständen oder deren Wertersatz rechtskräftig ausgesprochen, so erwächst die volle Gebühr des § 70 GKG wie bei einer Geldstrafe, die sich aus der Geldbuße errechnet, § 71 Abs. 2 GKG in sinngemäßer Anwendung. Die Gebühr darf den Betrag des Bußgeldes nicht übersteigen. Bei Berechnung der Gebühr sind der Wert eingezogener Gegenstände und eine Geldbuße gegen juristische Personen und Personenvereinigungen nicht zu berücksichtigen, § 88 Abs. 1 in Verbindung mit § 83 Abs. 1 GKG n. F. Neben der Gebühr des § 88 n. F. dürfen die Kosten für das Verfahren vor der Verwaltungsbehörde, vgl. §§ 105, 107 OWiG, nicht erhoben werden, da durch den Einspruch die Kostenentscheidung der Verwaltungsbehörde außer Wirksamkeit getreten ist.

9 d) *Entscheidung durch Beschluß,* Abs. 2. Gemäß § 72 OWiG besteht die Möglichkeit, daß das Gericht ohne Hauptverhandlung durch Beschluß entscheidet. Wird in dem Beschluß eine Geldbuße festgesetzt und erwächst dieser Beschluß in Rechtskraft, so entstehen für dieses Verfahren die vollen Gebühren des § 70, die sich wie bei einer Geldstrafe nach der Geldbuße richten. Die Gebühr darf den Betrag der Geldbuße nicht übersteigen, § 70 Abs. 1 Halbsatz 2. Der Wert eingezogener Gegenstände und von Geldbußen gegen juristische Personen und Personenvereinigungen hat bei Berechnung der Gebühr außer Betracht zu bleiben, § 88 Abs. 1 in Verbindung mit § 83 Abs. 1 GKG n. F. Kosten für das Verfahren vor der Verwaltungsbehörde dürfen neben der Gebühr aus § 88 Abs. 2 GKG n. F. nicht erhoben werden, vgl. Anm. 8 am Ende.

10 7. Sinngemäße Anwendung von *§ 72 GKG.* Diese Vorschrift behandelt die Gerichtskosten im Berufungs- und Revisionsverfahren. Gemäß § 79 OWiG ist das zulässige Rechtsmittel gegen das auf den Einspruch ergangene Urteil und den Beschluß nach § 72 OWiG die *Rechtsbeschwerde,* auf die gemäß § 79 Abs. 3 OWiG die Vorschriften der StPO und des GVG über die Revision entsprechend anzuwenden sind. Grundsätzlich entscheidet das Beschwerdegericht über die Rechtsbeschwerde durch *Beschluß*, § 79 Abs. 5 S. 1 OWiG. Wenn sich die Rechtsbeschwerde gegen ein Urteil richtet, kann das Beschwerdegericht auf Grund einer Hauptverhandlung *durch Urteil* entscheiden, § 79 Abs. 5 S. 2 OWiG. Hierzu bestimmt § 88 Abs. 2 S. 2 GKG n. F., daß auch dann, wenn das Beschwerdegericht durch Beschluß entscheidet, die volle Gebühr des § 70 GKG erwächst. Daß im Falle der Entscheidung auf Grund einer Hauptverhandlung durch Urteil eine volle Gebühr ensteht, ergibt sich aus der sinngemäßen Anwendung von § 72 Abs. 1 GKG.

11 8. Die Ermäßigungstatbestände des *§ 72 Abs. 2 GKG* sind sinngemäß auch auf das Verfahren nach dem OWiG anzuwenden.

12 a) *Rücknahme des Rechtsmittels vor Beginn der Hauptverhandlung*, § 72 Abs. 2 Nr. 1 GKG. Sie kommt in Betracht, wenn das Beschwerdegericht gemäß § 79 Abs. 5 S. 2 OWiG einen Hauptverhandlungstermin anberaumt, um durch Urteil zu entscheiden. Wird hier die Rechtsbeschwerde vor Beginn der Hauptverhandlung, das ist vor Aufruf der Sache, § 72 Anm. 8, zurückgenommen, ermäßigt sich die Gebühr für das Rechtsbeschwerdeverfahren auf ein Viertel der Gebühr des § 70. Wird die Rechtsbeschwerde vor Ablauf der Begründungsfrist zurückgenommen, so werden für das Rechtsbeschwerdeverfahren keine Gebühren erhoben, § 72 Abs. 3, unten Anm. 15. Erfolgt die Rücknahme nach Ablauf der Begründungsfrist, aber vor einer Entscheidung des Beschwerdegerichts, falls dieses gemäß § 79 Abs. 5 S. 1 OWiG ohne Hauptverhandlung durch Beschluß entscheiden will, so entsteht die Viertelgebühr des § 70, da die Voraussetzungen des § 72 Abs. 3 nicht gegeben sind und die Rücknahme vor Beginn der Hauptverhandlung, wie sie nach § 79 Abs. 5 S. 2 OWiG möglich ist, erfolgt.

13 b) *Verwerfung der Rechtsbeschwerde durch Beschluß als unzulässig*, § 72 Abs. 2 Nr. 2 GKG. Auch in diesem Falle wird nur ein Viertel der Gebühren des § 70 GKG erhoben.

14 c) *Aufhebungsbeschluß des Beschwerdegerichts*, § 72 Abs. 2 Nr. 3 GKG. Auch in diesem Falle erwächst nur eine Viertelgebühr des § 70 GKG, sofern letzten Endes der Betroffene verurteilt wird und ihm die Kosten des Rechtsbeschwerdeverfahrens auferlegt werden, vgl. § 72 Anm. 9a.

15 d) *Rücknahme der Rechtsbeschwerde vor Ablauf der Begründungsfrist*, § 72 Abs. 4. In diesem Falle werden für das Rechtsbeschwerdeverfahren keine Gebühren erhoben. Die Auslagen hat der Beschwerdeführer zu tragen, wenn sie ihm durch gerichtliche Entscheidung auferlegt werden, § 99 Nr. 1 GKG.

16 e) *Rücknahme der Rechtsbeschwerde nach Beginn der* gemäß § 79 Abs. 5 S. 2 OWiG möglichen *Hauptverhandlung*, § 72 Abs. 3 Nr. 1 GKG. In diesem Falle wird für das Rechtsbeschwerdeverfahren die Hälfte der Gebühr des § 70 GKG erhoben.

17 f) *Verwerfung der Rechtsbeschwerde als offensichtlich unbegründet*, § 72 Abs. 3 Nr. 3 GKG. Auch in diesem Falle wird nur die Hälfte der Gebühr des § 70 GKG erhoben.

18 g) *Verwerfung des Antrags auf Zulassung der Rechtsbeschwerde*, § 80 Abs. 3 OWiG. In diesem Fall gilt die Rechtsbeschwerde als zurückgenommen, § 80 Abs. 3 S. 4 OWiG. Da die Gebührenpflicht nicht davon abhängen kann, ob das Gericht seine Entscheidung vor Ablauf der Begründungsfrist oder später trifft, wird in diesem Falle die Rücknahme der Rechtsbeschwerde als vor Ablauf der Begründungsfrist erfolgt und damit das Verfahren als gebührenfrei nach § 72 Abs. 4 GKG anzusehen sein.

19 h) Der *Berechnung der Gebühren* sind im Rechtsbeschwerdeverfahren nicht nur die Geldbuße, sondern auch der Wert eingezogener Gegenstände und von Geldbußen gegen juristische Personen und Personenvereinigungen zu Grunde zu legen, soweit sich die Rechtsbeschwerde auf diese Anordnungen von Nebenfolgen bezieht, § 88 Abs. 1 in Verbindung mit § 83 Abs. 1 GKG n. F.

20 9. Sinngemäße Anwendung von *§ 73 GKG*. Diese Vorschrift behandelt die *Wiederaufnahme des Verfahrens* im Strafverfahren. Die Wiederaufnahme eines durch rechtskräftige Bußgeldentscheidung abgeschlossenen Verfahrens ist in § 85 OWiG geregelt. Der § 86 OWiG behandelt die Aufhebung eines Bußgeldbescheides in einem späteren Strafverfahren. Es ist für die Gebührenpflicht gleichgültig, ob sich das Wiederaufnahmeverfahren gegen eine Entscheidung der Verwaltungsbehörde oder des Gerichts wendet.

21 a) *Verwerfung des Antrags als unzulässig oder unbegründet*. Es erwächst für dieses Verfahren die Hälfte der Gebühren des § 70, die sich aus dem Wert der Bußgeldentscheidung einschließlich von Nebenfolgen errechnet, die mit dem Wiederaufnahmeverfahren angegriffen wird, § 73 Abs. 1, § 83 Abs. 1 GKG n. F. Vgl. wegen Zurückweisung einer Beschwerde gegen die Entscheidung nach § 73 Abs. 1 unten Anm. 32.

22 b) *Ablehnung des Wiederaufnahmeantrages*. Auch hier entsteht eine halbe Gebühr wie bei Verwerfung des Antrags als unzulässig oder unbegründet, Anm. 21, § 73 Abs. 1, § 83 Abs. 1 GKG n. F. Vgl. wegen Zurückweisung einer Beschwerde gegen die Entscheidung nach § 73 Abs. 1 unten Anm. 32.

23 c) *Aufrechterhaltung der früheren Bußgeldentscheidung nach Anordnung der Wiederaufnahme*, § 73 Abs. 2, S. 1. Hier entsteht die volle Gebühr des § 70 aus dem Wert der Bußgeldentscheidung, soweit sie mit dem Wiederaufnahmeantrag angegriffen war, gegebenenfalls auch aus dem Wert der angeordneten Nebenfolgen nach § 83 Abs. 1 GKG n. F.

24 d) *Aufhebung der früheren Bußgeldentscheidung*, § 73 Abs. 1 S. 2. In diesem Falle gilt das wiederaufgenommene Verfahren zusammen mit dem früheren Bußgeldverfahren als ein Rechtszug. Richtete sich das Wiederaufnahmeverfahren gegen eine Entscheidung der Verwaltungsbehörde und wurde diese Entscheidung im Wiederaufnahmeverfahren aufgehoben, so entfallen dadurch die Kosten des Verfahrens vor der Verwaltungsbehörde (§§ 105 ff. OWiG). Endet das Wiederaufnahmeverfahren mit einem Freispruch, fallen dem Betroffenen auch keine Gerichtsgebühren zur Last, § 88 Abs. 1 in Verbindung mit § 67 Abs. 1 GKG. Das gleiche gilt, wenn das Verfahren eingestellt wird. Endet das Wiederaufnahmeverfahren mit einer Bußgeldentscheidung und gegebenenfalls auch einer Anordnung von Nebenfolgen, so erwächst aus dem Geldwert der Geldbuße und der Einziehungsgegenstände eine volle Gebühr nach § 70, wie bei einer sonstigen Entscheidung durch Urteil, s. oben Anm. 8, und wegen der Nebenfolgen § 83 Abs. 1 GKG n. F.

25 e) *Wiederaufnahmeverfahren gegen eine Entscheidung des Beschwerdegerichts*. Hier gelten dieselben Grundsätze (oben Anm. 20 bis 23) mit der Maßgabe, daß im Falle einer Aufhebung des früheren Urteils des Beschwerdegerichts das neue Rechtsbeschwerdeverfahren zusammen mit dem früheren als ein Rechtszug gilt, im Falle der erneuten Festsetzung einer Geldbuße also für das Rechtsbeschwerdeverfahren nur eine volle Gebühr erwächst.

26 f) *Aufhebung des Bußgeldbescheides in einem späteren Strafverfahren*, § 86 OWiG. Hier handelt es sich nicht um ein Wiederaufnahmeverfahren, sondern um die gesetzliche Rechtsfolge, die eintritt, wenn der Betroffene, gegen den ein Bußgeldbescheid ergangen war, später in einem Strafverfahren wegen derselben Handlung verurteilt wird. Hier hat das Gericht den Bußgeldbescheid insoweit aufzuheben, als er dieselbe Handlung, derentwegen die Verurteilung im Strafverfahren erfolgt, zum Gegenstand hatte. Die notwendige Folge der Aufhebung des Bußgeldbescheides ist, daß auch alle Kostenfolgen des Bußgeldverfahrens entfallen und Kosten nur für das spätere Strafverfahren erhoben werden dürfen. Die bereits für das Bußgeldverfahren entrichteten Kosten sind auf die Kosten des Strafverfahrens zu verrechnen oder zurückzuerstatten.

27 10. Sinngemäße Anwendung von *§ 74 Abs. 2 GKG.* Nach dieser Vorschrift erwächst eine Gebühr von 40 Deutsche Mark, wenn im Falle einer unwahren Anzeige dem Anzeigenden die Kosten auferlegt werden. Diese Vorschrift gilt auch für die unwahre Anzeige einer Ordnungswidrigkeit, sofern es hierüber zu einer gerichtlichen Entscheidung kommt. Das ist möglich, da nach § 105 OWiG in Verbindung mit § 469 Abs. 1, 2 StPO auch die Verwaltungsbehörde dem Anzeigenden die Kosten einer unwahren Anzeige auferlegen kann.

28 11. Sinngemäße Anwendung von *§ 83 Abs. 1 bis 3 GKG.* Nach dieser Vorschrift werden im Strafverfahren und im selbständigen Einziehungsverfahren nach §§ 440, 441, 444 Abs. 3 StPO und für die Festsetzung einer Geldbuße gegen eine juristische Person oder eine Personenvereinigung Gebühren nicht für das erste auf Einziehung oder Festsetzung der Geldbuße lautende Erkenntnis, sondern nur für das gegen dieses Erkenntnis gerichtete Rechtsmittel- und Wiederaufnahmeverfahren erhoben. Auch für das erste Erkenntnis, durch das ein Antrag im Nachverfahren nach § 439 StPO zurückgewiesen wird, wird keine Gebühr erhoben, sondern erst für ein gegen diese Entscheidung gerichtetes Rechtsmittel- oder Wiederaufnahmeverfahren, § 83 Abs. 1 n. F. Diese Vorschrift gilt auch für die Anordnung von Einziehungen, die Verhängung von Geldbußen gegen juristische Personen oder Personenvereinigungen und die Zurückweisung eines Antrags im Nachverfahren, wenn sie im gerichtlichen Verfahren nach §§ 67 ff. GKG erfolgen. Eine Gebühr für diese Maßnahmen kann daher erst im Rechtsbeschwerde- oder Wiederaufnahmeverfahren entstehen.

29 Nach dem auch für das gerichtliche Verfahren in Ordnungswidrigkeiten geltenden *§ 83 Abs. 2 GKG n. F.* wird die Gebühr für das Rechtsbeschwerde- oder Wiederaufnahmeverfahren gegen mehrere Betroffene wegen derselben Tat nur einmal erhoben, wobei die mehreren Betroffenen als Gesamtschuldner haften.

30 Bei *Bemessung der Gebühr* für das Rechtsbeschwerde- oder Wiederaufnahmeverfahren sind der Wert der Gegenstände, auf die sich die Einziehung bezieht, und die Geldbuße wie eine Geldstrafe zu behandeln, wobei das Gericht den Geldwert nach dem Zeitpunkt der Entscheidung festsetzt, wenn der Gegenstand der Einziehung nicht in einem Geldbetrag besteht, § 83 Abs. 3 GKG n. F.

31 12. Sinngemäße Anwendung von *§ 85 GKG.* Diese Vorschrift regelt die Gebühren bei Zurückweisung einer Beschwerde in Strafsachen. Sie findet keine sinngemäße Anwendung auf die Zurückweisung der Rechtsbeschwerde im gerichtlichen Verfahren nach dem OWiG, da dieses Verfahren gemäß § 79 Abs. 3 OWiG wie eine Revision zu behandeln ist. Die im § 85 GKG

n. F. erwähnten Vorschriften der §§ 80 Abs. 1 und 83 Abs. 4 S. 2 GKG sind nach § 88 Abs. 1 GKG auf gerichtliche Verfahren nach dem OWiG nicht anwendbar.

32 a) *Zurückweisung einer Beschwerde gegen eine Entscheidung nach § 73 Abs. 1 GKG n. F.*, das ist gegen eine Entscheidung, durch die ein Antrag des Betroffenen auf Wiederaufnahme des Verfahrens als unzulässig oder unbegründet verworfen oder abgelehnt wurde. Hier erwächst wie für die Entscheidung nach § 73 Abs. 1 GKG n. F. nur eine halbe Gebühr des § 70, die sich aus der Geldbuße und dem Wert etwa eingezogener Gegenstände errechnet.

33 b) *Zurückweisung einer Beschwerde gegen eine Entscheidung nach § 83 Abs. 1 GKG n. F.* Im § 83 Abs. 1 GKG n. F. sind die Gebührenvorschriften für die Einziehung und Einziehung des Wertsatzes und die Festsetzung einer Geldbuße gegen eine juristische Person oder Personenvereinigung sowie für die Zurückweisung eines Antrages im Nachverfahren nach § 439 StPO gegeben. Hiernach erwächst für die erste Entscheidung keine Gebühr. Erst für ein Rechtsmittel- oder Wiederaufnahmeverfahren entstehen Gebühren, die für das Beschwerdeverfahren gemäß § 85 Abs. 1 GKG n. F. die Hälfte der Gebühren des § 70 GKG ausmachen. Der Gebührenberechnung sind der Wert der Einziehungsgegenstände und der Geldbußen zu Grunde zu legen, soweit sich die Beschwerde auf sie erstreckt. Gleichgültig ist, ob die Einziehung im gerichtlichen Verfahren gegen eine oder mehrere bestimmte Personen oder im selbständigen (objektiven) Verfahren, vgl. §§ 23, 26 Abs. 4 OWiG, erfolgt ist. Dem Nachverfahren des § 439 StPO entspricht das Entschädigungsverfahren nach § 24 OWiG.

34 c) Zurückweisung *sonstiger Beschwerden.* Hier erwächst auch im Verfahren nach dem OWiG eine Gebühr von 10,— DM.

35 d) Gemäß *§ 85 Abs. 2 GKG n. F.* darf die Beschwerdegebühr vom Betroffenen nur erhoben werden, wenn gegen ihn *rechtskräftig eine Geldbuße festgesetzt oder eine Nebenfolge angeordnet ist.* Für sonstige Beteiligte, z. B. Entschädigungsberechtigte nach § 24 OWiG, gilt diese Vorschrift nicht. Sie haben die Beschwerdegebühr zu tragen, wenn sie ihnen durch gerichtliche Entscheidung auferlegt wird. Dagegen wird man juristische Personen und Personenvereinigungen, gegen die eine Geldbuße festgesetzt wird, dem Betroffenen gleichzustellen haben.

36 e) *Verwerfung oder Zurückweisung einer Beschwerde im Kostenfestsetzungsverfahren, Abs. 3.* Für das Verfahren der Verwaltungsbehörde ist im § 106 OWiG die Kostenfestsetzung ausdrücklich geregelt. Soweit sie auch im gerichtlichen Verfahren in Betracht kommt, wird eine volle Gebühr aus dem Beschwerdewert erhoben, soweit die Beschwerde als unzulässig verworfen oder zurückgewiesen wird, s. im übrigen § 85 Anm. 8.

37 13. Sinngemäße Anwendung von *§ 87 GKG n. F.* Die Vorschrift bestimmt, daß für das Verfahren zur Vollstreckung einer Vermögensstrafe die Vorschriften in bürgerlichen Rechtsstreitigkeiten maßgebend sind. Für die Vollstreckung einer Geldbuße, einer Einziehung oder Einziehung des Wertersatzes sind daher im gerichtlichen Verfahren die Gebührenvorschriften für bürgerliche Rechtsstreitigkeiten anwendbar, vgl. § 91 OWiG und die Erläuterungen zu § 87 GKG (Kommentar S. 571, 572 und oben Nachtrag zu § 87).

Anhang
zu § 88 GKG

I. Kosten des Verfahrens der Verwaltungsbehörde, §§ 105, 107, 108 OWiG.

§ 105 OWiG
Kostenentscheidung

(1) Im Verfahren der Verwaltungsbehörde gelten § 464 Abs. 1, 2, die §§ 464 a, 465, 466, 467 a Abs. 1, 3, § 469 Abs. 1, 2 sowie die §§ 470 und 472 b der Strafprozeßordnung sinngemäß, im Verfahren gegen Jugendliche und Heranwachsende ferner § 74 des Jugendgerichtsgesetzes.

(2) Die notwendigen Auslagen, die nach Absatz 1 in Verbindung mit § 465 Abs. 2, § 467 a Abs. 1, 3 sowie den §§ 470 und 472 b der Strafprozeßordnung die Staatskasse zu tragen hat, werden der Bundeskasse auferlegt, wenn eine Verwaltungsbehörde des Bundes das Verfahren durchführt, sonst der Landeskasse.

1 1. Im Verfahren der Verwaltungsbehörde nach dem Gesetz über Ordnungswidrigkeiten sind gem. § 105 Abs. 1 OWiG die wichtigsten Kostenvorschriften der StPO für sinngemäß anwendbar erklärt. Demnach muß jeder Bußgeldbescheid der Verwaltungsbehörde und jeder Beschluß, der das Verfahren einstellt oder den Bußgeldbescheid zurücknimmt, § 69 OWiG, eine Bestimmung darüber treffen, von wem die Kosten des Verfahrens zu tragen sind, § 105 OWiG in Verbindung mit § 464 Abs. 1 StPO. Ebenso muß eine Entscheidung darüber getroffen werden, wer die notwendigen Auslagen zu tragen hat, § 105 OWiG in Verbindung mit § 464 Abs. 2 StPO.

2 2. *Kosten des Verfahrens* sind auch im Verfahren nach dem OWiG die Gebühren und Auslagen der Staatskasse, wie sie § 107 OWiG bestimmt, einschließlich der Kosten des Ermittlungsverfahrens der Verwaltungsbehörde und der Vollstreckung eines Bußgeldbescheides, einer Einziehung und Wertersatzeinziehung und der Erzwingungshaft, § 464 a Abs. 1 StPO sinngemäß.

3 3. Inwieweit der Betroffene die Kosten des Verfahrens der Verwaltungsbehörde zu tragen hat, ergibt sich aus § 465 StPO. Demnach hat der Betroffene grundsätzlich die Kosten zu tragen, die durch das Verfahren wegen der Tat entstanden sind, wegen der gegen ihn der Bußgeldbescheid ergangen oder eine Nebenfolge angeordnet worden ist.

4 4. *Mehrere Betroffene* haften als Gesamtschuldner für die Auslagen der Verwaltungsbehörde, wenn gegen sie wegen derselben Tat ein Bußgeldbescheid ergangen ist. Das gilt aber nicht für die Kosten der Vollstreckung und von Auslagen durch Untersuchungshandlungen, die ausschließlich gegen einen Mitbetroffenen gerichtet waren, § 466 StPO.

5 5. Im Falle der *Einstellung des Verfahrens oder der Rücknahme des Bußgeldbescheides* hat die Verwaltungsbehörde auf Antrag der Staatsanwaltschaft oder des Betroffenen die diesem erwachsenen notwendigen Auslagen der Staatskasse aufzuerlegen, § 467 a Abs. 1 StPO. Das gilt nicht, wenn der Betroffene die Kosten schuldhaft veranlaßt hat, § 467 Abs. 2 u. 3 StPO. Die Verwaltungsbehörde kann auch dann davon absehen, die notwendigen Auslagen des Angeschuldigten der Staatskasse aufzuerlegen, wenn sie das Verfahren auf Grund einer Ermessensentscheidung einstellt, §§ 467 a Abs. 1 S. 2, 467 Abs. 4 StPO. Andererseits kann sie bei Einstellung des Verfahrens und Zurücknahme des Bußgeldbescheides auch die notwendigen Auslagen eines Nebenbeteiligten der Staatskasse auferlegen, § 467 a Abs. 3 StPO.

6 6. Bei einer *vorsätzlich oder leichtfertig erstatteten unwahren Anzeige* kann die Verwaltungsbehörde dem Anzeigenden die Kosten des Verfahrens der Verwaltungsbehörde und die dem Betroffenen erwachsenen notwendigen Auslagen auferlegen. Ebenso kann die Verwaltungsbehörde auch die einem Nebenbeteiligten erwachsenen notwendigen Auslagen dem Anzeigenden auferlegen, § 469 Abs. 1, 2 StPO.

7 7. Bei *Zurücknahme eines Strafantrages* hat der Antragsteller die Kosten der Verwaltungsbehörde und die dem Betroffenen und einem Nebenbeteiligten erwachsenen Auslagen zu tragen, sofern sich nicht der Betroffene oder ein Nebenbeteiligter zur Übernahme der Kosten bereit erklärt hat oder die Kosten aus Billigkeitsgründen der Staatskasse auferlegt werden, § 470 StPO.

8 8. Wird eine *Einziehung oder Ersatzeinziehung angeordnet oder gegen eine juristische Person oder Personenvereinigung eine Geldbuße festgesetzt,* so können dem Nebenbeteiligten die durch seine Beteiligung erwachsenen Kosten auferlegt werden. Wenn es der Billigkeit entspricht, können die dem Nebenbeteiligten erwachsenen notwendigen Auslagen dem Betroffenen und

im selbständigen Verfahren auch einem anderen Nebenbeteiligten auferlegt werden. Wenn von der Anordnung oder der Festsetzung der Nebenfolgen abgesehen wird, können die dem Nebenbeteiligten erwachsenen notwendigen Auslagen der Staatskasse oder einem anderen Nebenbeteiligten auferlegt werden, § 472 b StPO.

9 9. Im Verfahren *gegen Jugendliche und Heranwachsende* kann die Verwaltungsbehörde davon absehen, den Betroffenen Kosten und Auslagen aufzuerlegen, § 74 JGG.

10 10. Wenn die Staatskasse die notwendigen Auslagen zu tragen hat, fallen sie der *Bundeskasse* zur Last, wenn das Verfahren eine Verwaltungsbehörde des Bundes durchgeführt hat, sonst der *Landeskasse,* § 105 Abs. 2 OWiG. Kommt es zu einem Einspruchs-, Rechtsbeschwerde- oder Beschwerdeverfahren, sind die der Staatskasse auferlegten Kosten vom Justizfiskus des Landes zu tragen, dessen Gerichte entscheiden.

§ 107 OWiG
Gebühren und Auslagen

(1) Im Verfahren der Verwaltungsbehörde bemißt sich die Gebühr nach der Geldbuße, die gegen den Betroffenen im Bußgeldbescheid festgesetzt ist.

(2) Als Gebühren werden erhoben bei der Festsetzung einer Geldbuße

bis zu fünfzig Deutsche Mark	**drei Deutsche Mark,**
von mehr als fünfzig bis zu hundert Deutsche Mark	**fünf Deutsche Mark,**

von mehr als hundert Deutsche Mark fünf vom Hundert des Betrages der festgesetzten Geldbuße, jedoch höchstens zehntausend Deutsche Mark.

(3) Als Auslagen werden erhoben

1. **Telegrafen- und Fernschreibgebühren;**
2. **Postgebühren für Zustellungen;**
3. **Kosten, die durch öffentliche Bekanntmachung entstehen, mit Ausnahme der hierbei erwachsenen Postgebühren;**
4. **die nach dem Gesetz über die Entschädigung von Zeugen und Sachverständigen zu zahlenden Beträge; erhält ein Sachverständiger auf Grund des § 1 Abs. 3 des Gesetzes über die Entschädigung von Zeugen und Sachverständigen keine Entschädigung, so ist der Betrag zu erheben, der ohne diese Vorschrift nach dem Gesetz über die Entschädigung von Zeugen und Sachverständigen zu zahlen wäre;**
5. **die bei Geschäften außerhalb der Dienststelle den Verwaltungsangehörigen auf Grund gesetzlicher Vorschriften gewährten Vergütungen (Reisekostenvergütung, Auslagenersatz) und die Kosten für die Bereitstellung von Räumen;**
6. **die Beträge, die anderen in- oder ausländischen Behörden, öffentlichen Einrichtungen oder Beamten zustehen, und zwar auch dann, wenn aus**

Gründen der Gegenseitigkeit, der Verwaltungsvereinfachung und dergleichen an die Behörden, Einrichtungen oder Beamten keine Zahlungen zu leisten sind;

7. die an Rechtsanwälte zu zahlenden Beträge;

8. die Kosten einer Beförderung von Personen sowie Beträge, die mittellosen Personen für die Reise zum Ort einer Vernehmung oder Untersuchung und für die Rückreise gewährt werden;

9. die Kosten für die Beförderung von Sachen, mit Ausnahme der hierbei erwachsenen Postgebühren, und die Verwahrung von Sachen;

10. die Kosten der Erzwingungshaft.

(4) Hat eine Verwaltungsbehörde des Bundes den Bußgeldbescheid erlassen, so sind § 14 Abs. 2 sowie die §§ 19 bis 21 des Verwaltungskostengesetzes vom 23. Juni 1970 (Bundesgesetzbl. I S. 821) anzuwenden, sonst die entsprechenden landesrechtlichen Vorschriften.

I. Allgemeines

1 Die Vorschrift regelt, welche Gebühren und Auslagen im Verfahren der Verwaltungsbehörde erhoben werden und wie die Gebühren berechnet werden. Der Abs. 4 wurde durch § 24 des Verwaltungskostengesetzes v. 23. 6. 1970 — BGBl. I 821 — eingefügt.

II. Einzelnes

2 1. *Die Gebühren bemessen sich nach der Geldbuße,* die gegen den Betroffenen im Bußgeldbescheid festgesetzt ist. Da nur die dem Betroffenen auferlegte Geldbuße maßgebend ist, scheiden bei der Bestimmung der geschuldeten Gebühr der Wert von eingezogenen Gegenständen und die als Nebenfolge gegen juristische Personen oder Personenvereinigungen festgesetzten Geldbußen aus. Das entspricht dem § 83 Abs. 1 GKG, wo auch für die Einziehung von Gegenständen und die Festsetzung einer Geldbuße gegen eine juristische Person oder eine Personenvereinigung für das erste Erkenntnis keine Gebühr erhoben wird, Abs. 1.

3 2. In Abs. 2 ist die *Höhe der Gebühren* festgelegt. Bei Festsetzung einer Geldbuße bis zu 50 Deutsche Mark beträgt die Gebühr 3 Deutsche Mark, während im gerichtlichen Strafverfahren bis zu 50 Deutsche Mark die Gebühr nach § 70 Abs. 1 GKG fünf Deutsche Mark beträgt. Im übrigen machen die Gebühren im Ergebnis die Hälfte der für Geldstrafen im § 70 Abs. 1 GKG vorgesehenen Gebühren aus. Der Höchstbetrag der Gebühr für eine Geldbuße beträgt 10 000,— DM, während der Höchstbetrag der Gebühr für eine Geldstrafe nach § 70 Abs. 1 GKG sich auf 20 000,— DM beläuft. Siehe wegen der durch unrichtige Sachbehandlung entstandenen Kosten unten Anm. 6, wegen der Stundung, Niederschlagung oder dem Erlaß von Kostenforderungen unten Anm. 7, wegen der Verjährung unten Anm. 8 und wegen der Erstattung überzahlter oder zu Unrecht erhobener Kosten unten Anm. 9.

4 3. *Auslagen,* Abs. 3. Die Vorschrift deckt sich unter Anpassung an das Verwaltungsverfahren inhaltlich weitgehend mit § 92 GKG Nrn. 1 mit 11, so daß grundsätzlich auf die Erläuterungen zu § 92 GKG verwiesen werden kann.

Ausnahme:

Nummer 2, Postgebühren für Zustellungen, vgl. hierzu §§ 50, 51 OWiG. Gemeint sind offenbar die Postgebühren, die bei dem Zustellungsverfahren der Verwaltungsbehörde entstehen können.

5 4. In Abs. 4 sind *Vorschriften des Verwaltungskostengesetzes v. 23. 6. 70 — BGBl. I 821 — teilweise für anwendbar erklärt,* soweit den Bußgeldbescheid eine Verwaltungsbehörde des Bundes erlassen hat. Es handelt sich im einzelnen um folgende Vorschriften:

6 **§ 14 Abs. 2 VwKostG**

(2) Kosten, die bei richtiger Behandlung der Sache durch die Behörde nicht entstanden wären, werden nicht erhoben. Das gleiche gilt für Auslagen, die durch eine von Amts wegen veranlaßte Verlegung eines Termins oder Vertagung einer Verhandlung entstanden sind.

Die Vorschrift entspricht inhaltlich dem § 7 Abs. 1 S. 1 und S. 2 GKG, so daß wegen der Erläuterung auf § 7 Anm. 1 bis 6 des Kommentars verwiesen werden kann.

7 **§ 19 VwKostG**

Stundung, Niederschlagung und Erlaß

Für die Stundung, die Niederschlagung und den Erlaß von Forderungen des Bundes auf Zahlung von Gebühren, Auslagen und sonstigen Nebenleistungen gelten die Vorschriften der Bundeshaushaltsordnung. In Fällen, in denen ein anderer Rechtsträger als der Bund Kostengläubiger ist, gelten die für ihn verbindlichen entsprechenden Vorschriften.

Die Vorschrift erklärt für die Stundung, Niederschlagung und den Erlaß von Forderungen des Bundes auf Zahlung von Gebühren und Auslagen die Bestimmungen der Bundeshaushaltsordnung für anwendbar. Für sonstige Rechtsträger als den Bund, z. B. die Länder, vgl. § 1 Abs. 1 VwKostG, sind die für diese maßgeblichen Vorschriften anzuwenden.

8 **§ 20 VwKostG**

Verjährung

(1) Der Anspruch auf Zahlung von Kosten verjährt nach drei Jahren, spätestens mit dem Ablauf des vierten Jahres nach der Entstehung. Die Verjährung beginnt mit Ablauf des Kalenderjahres, in dem der Anspruch fällig geworden ist. Mit dem Ablauf dieser Frist erlischt der Anspruch.

(2) Die Verjährung ist gehemmt, solange der Anspruch innerhalb der letzten sechs Monate der Frist wegen höherer Gewalt nicht verfolgt werden kann.

(3) Die Verjährung wird unterbrochen durch schriftliche Zahlungsaufforderung, durch Zahlungsaufschub, durch Stundung, durch Aussetzen der Vollziehung, durch Sicherheitsleistung, durch eine Vollstreckungsmaßnahme, durch Vollstreckungsaufschub, durch Anmeldung im Konkurs und durch Ermittlungen des Kostengläubigers über Wohnsitz oder Aufenthalt des Zahlungspflichtigen.

(4) Mit Ablauf des Kalenderjahres, in dem die Unterbrechung endet, beginnt eine neue Verjährung.

(5) Die Verjährung wird nur in Höhe des Betrages unterbrochen, auf den sich die Unterbrechungshandlung bezieht.

(6) Wird eine Kostenentscheidung angefochten, so erlöschen Ansprüche aus ihr nicht vor Ablauf von sechs Monaten, nachdem die Kostenentscheidung unanfechtbar geworden ist oder das Verfahren sich auf andere Weise erledigt hat.

Die Vorschrift regelt die Verjährung abweichend von § 8 GKG. Entstehung der Kostenschuld, § 11 VwKostG; Fälligkeit, § 17 VwKostG; Hemmung der Verjährung, Abs. 2; Unterbrechung der Verjährung, Abs. 3 mit Abs. 5; Erlöschen des Kostenanspruchs nach Anfechtung der Kostenentscheidung oder Erledigung dieses Verfahrens auf andere Weise, Abs. 6.

9 **§ 21 VwKostG**

Erstattung

(1) Überzahlte oder zu Unrecht erhobene Kosten sind unverzüglich zu erstatten, zu Unrecht erhobene Kosten jedoch nur, soweit eine Kostenentscheidung noch nicht unanfechtbar geworden ist; nach diesem Zeitpunkt können zu Unrecht erhobene Kosten nur aus Billigkeitsgründen erstattet werden.

(2) Der Erstattungsanspruch erlischt durch Verjährung, wenn er nicht bis zum Ablauf des dritten Kalenderjahres geltend gemacht wird, das auf die Entstehung des Anspruchs folgt; die Verjährung beginnt jedoch nicht vor der Unanfechtbarkeit der Kostenentscheidung.

Die Vorschrift behandelt die Erstattung überzahlter oder zu Unrecht erhobener Kosten. Die Anfechtbarkeit von Kostenentscheidungen richtet sich nach § 22 VwKostG. Der Erstattungsanspruch überzahlter oder zu Unrecht erhobener Kosten unterliegt der Verjährung, Abs. 2.

§ 108 OWiG

Rechtsbehelf und Vollstreckung

(1) Im Verfahren der Verwaltungsbehörde ist gegen

1. den selbständigen Kostenbescheid und den Kostenfestsetzungsbescheid (§ 106),

2. den Ansatz der Gebühren und Auslagen

der Antrag auf gerichtliche Entscheidung nach § 62 zulässig. In den Fällen der Nummer 1 ist der Antrag innerhalb einer Woche nach Zustellung des Bescheides zu stellen; gegen die Entscheidung des Gerichts ist sofortige Beschwerde zulässig, wenn der Wert des Beschwerdegegenstandes fünfzig Deutsche Mark übersteigt.

(2) Für die Vollstreckung der Kosten des Bußgeldverfahrens gelten die §§ 89 und 90 Abs. 1 entsprechend.

1 1. Die Vorschrift regelt den *Rechtsweg,* der gegen die Kostenentscheidung und den Kostenansatz der Verwaltungsbehörde gegeben ist.

2 2. Während der Bußgeldbescheid samt seiner Kostenentscheidung mit dem Einspruch nach §§ 67 ff. OWiG angefochten wird, kann eine *selbständige Kostenentscheidung* durch den Antrag auf gerichtliche Entscheidung nach § 62 OWiG angegriffen werden, Abs. 1 Nr. 1. Dasselbe gilt von dem *Kostenansatz,* in dem die Gebühren und Auslagen nach § 107 OWiG errechnet und dem Kostenschuldner bekannt gemacht sind, Abs. 1 Nr. 2. Der gegen den selbständigen Kostenbescheid gerichtete Antrag ist befristet. Der Antrag auf gerichtliche Entscheidung muß in diesem Falle binnen einer Woche nach Zustellung des Bescheides gestellt werden. Die Entscheidung des Gerichts kann mit der sofortigen Beschwerde angegriffen werden, wenn der Beschwerdegegenstand, also das, was der Beschwerdeführer mit der Beschwerde erreichen will, fünfzig Deutsche Mark übersteigt. Es muß sich also um eine Kostenlast von mehr als 50 DM handeln, die der Beschwerdeführer mit der Beschwerde beseitigen will. Die sofortige Beschwerde ist binnen einer Woche nach Bekanntmachung der Entscheidung einzulegen. Sie kann bei dem Gericht, das die Entscheidung erlassen hat, wie bei dem Beschwerdegericht eingelegt werden, § 311 StPO. Für diese gerichtlichen Entscheidungen bestimmen sich die Kosten nach § 88 GKG n. F.

3 Gegen den *Ansatz der Gebühren und Auslagen* der Verwaltungsbehörde ist der Antrag auf gerichtliche Entscheidung unbefristet möglich. Eine Beschwerde ist ausgeschlossen, da sie nicht ausdrücklich zugelassen ist, § 62 Abs. 2 S. 3 OWiG.

4 3. *Vollstreckung der Kosten des Bußgeldverfahrens,* Abs. 2. Die nach Abs. 1 Nr. 2 angesetzten Gebühren und Auslagen der Verwaltungsbehörde sind wie ein Bußgeldbescheid gemäß § 90 Abs. 1 OWiG zu vollstrecken.

Nach dem entsprechend anwendbaren § 89 OWiG wäre Voraussetzung der Vollstreckung die Rechtskraft des Kostenansatzes. Da aber im Falle des Abs. 1 Nr. 2 kein befristeter Antrag auf gerichtliche Entscheidung vorgesehen ist, wird hier nicht § 89 OWiG, sondern § 62 OWiG in Verbindung mit § 307 StPO anzuwenden sein, wonach der Antrag auf gerichtliche Entscheidung den Vollzug der angefochtenen Entscheidung nicht hemmt, das Gericht jedoch den Vollzug der Entscheidung aussetzen kann.

II. Übergangsrecht

Artikel 160 EGOWiG

Anwendung des bisherigen Kostenrechts

(1) In Bußgeldsachen werden Gebühren und Auslagen nach dem bisherigen Recht erhoben, wenn

1. die über die Kosten ergangene Entscheidung vor dem Inkrafttreten dieses Gesetzes rechtskräftig geworden ist,

2. das Verfahren nach den Vorschriften des bisherigen Rechts abgeschlossen ist (Artikel 156 Abs. 1).

(2) In Strafsachen werden bei der Anordnung einer Nebenfolge im Sinne des bisherigen § 67 Abs. 4 des Gerichtskostengesetzes Kosten nach dem bisherigen Recht erhoben, wenn die über die Kosten ergangene Entscheidung vor dem Inkrafttreten dieses Gesetzes rechtskräftig geworden ist.

I. Allgemeines

1 Das OWiG und EGOWiG sind seit dem 1. 10. 1968 in Kraft. Artikel 160 EGOWiG regelt die Anwendung des bisherigen Kostenrechts der §§ 88 bis 90 GKG a. F.

II. Einzelnes

2 1. Das bisherige Recht der §§ 88 bis 90 GKG a. F. ist anwendbar, wenn die *Kostenentscheidung* vor dem Inkrafttreten des EGOWiG, das ist *vor dem 1. 10. 1968, rechtskräftig,* d. h. nicht mehr mit Rechtsmitteln angreifbar geworden ist, Abs. 1 Nr. 1. Die Möglichkeit einer Wiederaufnahme des Verfahrens steht der Rechtskraft nicht im Wege, da die Wiederaufnahme des Verfahrens kein Rechtsmittel ist. Die Kostenentscheidung kann in Verbindung mit der Hauptsacheentscheidung oder als selbständige Kostenentscheidung rechtskräftig geworden sein.

3 2. Die Gebühren und Auslagen sind auch dann nach dem bisherigen Recht zu erheben, *wenn das Verfahren nach den Vorschriften des bisherigen Rechts abgeschlossen ist,* Abs. 1 Nr. 2. Der Hinweis auf Artikel 156 Abs. 1 EGOWiG besagt, daß ein Verfahren nach den Vorschriften des bisherigen Rechts abgeschlossen ist, wenn ein Bußgeldbescheid vor Inkrafttreten des

EGOWiG, das ist vor dem 1. 10. 1968, erlassen worden ist. Es kommt nicht darauf an, ob der Bußgeldbescheid auch Rechtskraft erlangt hat. Auch wenn der Bußgeldbescheid nach dem 1. 10. 1968 mit dem gegebenen Rechtsbehelf angegriffen wurde, sind für das weitere Verfahren die Vorschriften des bisherigen Kostenrechts maßgebend.

4 3. *Anordnung einer Nebenfolge im Sinne des § 67 Abs. 4 GKG a. F.,* Abs. 2. Diese Vorschrift ist durch Artikel 42 EGOWiG seit dem 1. 10. 1968 gestrichen und in §§ 83, 88 GKG n. F. neu geregelt. Nach dem neuen Recht erwachsen für die erste Entscheidung über Einziehung, Ersatzeinziehung usw. keine Gebühren, § 83 Abs. 1 GKG n. F. Gebühren fallen hier erst für das Rechtsmittel- und Wiederaufnahmeverfahren an. Bei dieser Sachlage dürfen Kosten für die Einziehung, Ersatzeinziehung usw. nach dem bisherigen § 67 Abs. 4 GKG a. F. nur erhoben werden, wenn die Kostenentscheidung vor dem 1. 10. 1968 rechtskräftig geworden ist. Im Zeitpunkt des Inkrafttretens des OWiG und EGOWiG bereits rechtskräftige Kostenentscheidungen sollen durch das neue Recht nicht berührt werden.

Zu § 89 GKG a. F. (Seite 26 u. 578 des Kommentars):

§89 GKG a. F. wurde durch Art. 42 EGOWiG mit Wirkung ab 1. 10. 1968 aufgehoben.

Zu § 90 GKG a. F. (Seite 26 u. 580 des Kommentars):

§ 90 GKG a. F. wurde durch Art. 42 EGOWiG mit Wirkung ab 1. 10. 1968 aufgehoben.

Zu § 91 GKG n. F. (Seite 26 u. 583 des Kommentars):

§ 91
Schreibgebühren

(1) (unverändert)

(2) (unverändert)

(3) Die Schreibgebühr beträgt für die Seite, die 28 Zeilen von durchschnittlich 15 Silben enthält, eine Deutsche Mark, auch wenn die Herstellung auf mechanischem Wege (ausgenommen durch Ablichtung) stattgefunden hat. Jede angefangene Seite wird als voll gerechnet.

(4) Für Schriftstücke, die in fremder Sprache abgefaßt sind, wird die doppelte Schreibgebühr erhoben.

(5) Für Schriftstücke in tabellarischer Form, Grundbuchblätter, Registerblätter, Verzeichnisse, Listen, Rechnungen, Zeichnungen und dgl. wird die Schreibgebühr nach dem Zeitaufwand berechnet, der bei durchschnittlicher Arbeitsleistung benötigt wird. Sie beträgt für jede angefangene Viertelstunde **1,20 Deutsche Mark.**

(6) Werden Abschriften durch Ablichtung hergestellt, so werden für jede Seite ohne Rücksicht auf Zeilen- und Silbenzahl **eine Deutsche Mark,** bei größerem Format als Din B 4 **zwei** Deutsche Mark erhoben.

(7) (unverändert)

Zu § 91 GKG n. F. (Seite 590 ff. des Kommentars):

zu 19 Durch das Gesetz zur Änderung von Vorschriften des Justizkostenrechts vom 28. 12. 1968 — BGBl. I 1458 — wurde Abs. 3 dahin geändert, daß die *Schreibgebühr je Seite* künftig 1 DM statt bisher 0,50 DM, beträgt, § 91 Abs. 3 GKG n. F. *Für Ablichtungen* sind nunmehr 1 DM je Ablichtung statt bisher 0,50 DM, bei größerem Format als DIN B 4 zwei Deutsche Mark, zu erheben, § 91 Abs. 6 GKG n. F. Die Vorschrift ist seit dem 1. 1. 1969 in Kraft.

zu 23 Das Gesetz zur Änderung von Vorschriften des Justizkostenrechts vom 28. 12. 1968 — BGBl. I 1458 — hat den Abs. 4 in der bisherigen Fassung aufrechterhalten, wonach für Schriftstücke, die in fremder Sprache abgefaßt sind, die doppelte Schreibgebühr erhoben wird.

zu 24 Durch das Gesetz zur Änderung von Vorschriften des Justizkostenrechts vom 28. 12. 1968 — BGBl. I 1458 — wurde Abs. 5 dahin geändert, daß für Schriftstücke der in Abs. 5 genannten Form künftig für jede angefangene Viertelstunde Arbeitszeit 1,20 DM statt bisher 0,60 DM erhoben werden. Die Vorschrift ist seit dem 1. 1. 1969 in Kraft.

Zu § 92 GKG n. F. (Seite 27 u. 596 des Kommentars):

§ 92

Sonstige Auslagen

Als Auslagen werden ferner erhoben

1. (unverändert)

2. Postgebühren für förmliche Zustellungen; **dieselben Beträge werden auch für die förmliche Zustellung durch Justizbedienstete erhoben;**
3. (unverändert)
4. (unverändert)
5. (unverändert)
6. (unverändert)
7. (unverändert)
8. (unverändert)
9. (unverändert)
10. (unverändert)
11. (unverändert)
12. (unverändert)

Zu § 92 GKG n. F. (Seite 598 des Kommentars):

zu 4a Durch das Gesetz zur Änderung von Vorschriften des Justizkostenrechts vom 18. 12. 1968 — BGBl. I 1458 — wurde Nr. 2 dahin erweitert, daß für die förmliche Zustellung durch Justizbedienstete dieselben Gebühren erhoben werden, wie für eine förmliche Postzustellung. Es wäre unbillig, diesen Fall gebührenrechtlich anders zu behandeln wie eine förmliche Postzustellung. Die Vorschrift ist seit dem 1. 1. 1969 in Kraft.

Zu § 100 GKG n. F. (Seite 30 u. 669 des Kommentars):

§ 100

Auslagenschuldner in besonderen Fällen

(1) **Der Beschuldigte, der den Antrag auf gerichtliche Entscheidung gegen einen Strafbescheid einer Verwaltungsbehörde zurücknimmt, ist Schuldner der entstandenen Auslagen.**

(2) (gestrichen)

Zu § 100 GKG n. F. (Seite 670 des Kommentars):

Zu 4–7 Durch Artikel 42 EGOWiG v. 24. 5. 1968 — BGBl. I 503 — wurde Abs. 2 gestrichen. Die Vorschrift erschien überflüssig, da nunmehr in § 109 OWiG gesagt ist, daß der Betroffene, der den Einspruch gegen den Bußgeldbescheid zurücknimmt, auch die Kosten des gerichtlichen Verfahrens neben den Kosten des Verfahrens vor der Verwaltungsbehörde, §§ 105 bis 108 OWiG, zu tragen hat. Diese Kostenvorschrift kann aber nicht unmittelbar als Grundlage des Kostenansatzes dienen. Es wird hierzu eine selbständige gerichtliche Kostenentscheidung erforderlich sein, die dem Betroffenen die Kosten des gerichtlichen Verfahrens auferlegt und damit die Rechtsgrundlage für den Kostenansatz nach § 99 Nr. 1 GKG schafft.

Zu § 111 GKG n. F (Seite 32 u. 712 des Kommentars):

§ 111

Vorauszahlung

(1) Der Termin zur mündlichen Verhandlung soll auf Grund der Klage erst nach Zahlung der erforderten Prozeßgebühr **und der Auslagen für die förmliche Zustellung der Klage** bestimmt werden. Das gleiche gilt im Mahnverfahren bei dem Antrag des Gläubigers auf Bestimmung eines Termins zur mündlichen Verhandlung nach Erhebung des Widerspruchs oder nach Erlaß eines Vollstreckungsbefehls unter Vorbehalt der Ausführung der Rechte des Beklagten. Wird der Klageantrag erweitert, so soll vor Zahlung der erforderten Prozeßgebühr keine gerichtliche Handlung vorgenommen werden.

(2) Der Zahlungsbefehl soll erst nach Zahlung der in § 38 Abs. 1 bestimmten Gebühr und der Auslagen für förmliche Zustellung erlassen werden.

(3) Der Termin zur Abnahme **der eidesstattlichen Versicherung** soll erst nach Zahlung der in § 40 Abs. 1 Nr. 5 vorgesehenen Gebühr und der Auslagen für förmliche Zustellung bestimmt werden.

(4) Über Anträge auf Zwangsvollstreckungshandlungen der in § 42 Abs. 1 Nr. 2 bezeichneten Art soll erst nach Zahlung der Gebühr und der Auslagen für förmliche Zustellung entschieden werden.

(5) Die Absätze 1 bis **4** gelten nicht, soweit dem Antragsteller das Armenrecht bewilligt ist; sie gelten ferner nicht, wenn dem Antragsteller Gebührenfreiheit zusteht oder wenn glaubhaft gemacht wird, daß ihm die alsbaldige Zahlung der Gebühr mit Rücksicht auf seine Vermögenslage oder aus sonstigen Gründen Schwierigkeiten bereiten würde. Das gleiche gilt, wenn glaubhaft gemacht wird, daß eine Verzögerung dem **Antragsteller** einen nicht oder nur schwer zu ersetzenden Schaden bringen würde; zur Glaubhaftmachung genügt in diesem Falle die Erklärung des zum Prozeßbevollmächtigten bestellten Rechtsanwalts.

Zu § 111 GKG n. F. (Seite 713 des Kommentars):

zu 4 Durch das Gesetz zur Änderung von Vorschriften des Justizkostenrechts v. 28. 12. 1968 — BGBl. I 1458 — wurde in Abs. 1 S. 1 eingefügt, daß neben der Zahlung der erforderten Prozeßgebühr eine weitere Voraussetzung für die Terminbestimmung die Zahlung der Auslagen für die förmliche Zustellung der Klage ist. Es sind hier die Postgebühren für förmliche Zustellungen und die in derselben Höhe zu erhebenden Beträge für die förmliche Zustellung durch Justizbedienstete nach § 92 Nr. 2 GKG n. F. gemeint. Die Vorschrift ist seit dem 1. 1. 1969 in Kraft.

Zu § 111 GKG n. F. (Seite 719 des Kommentars):

zu 15 Durch Artikel 2 § 10 des Gesetzes zur Änderung des Rechtspflegergesetzes, des Beurkundungsgesetzes und zur Umwandlung des Offenbarungseides in eine eidesstattliche Versicherung v. 27. 6. 1970 — BGBl. I 911 — wurden in Abs. 3 die Worte „des Offenbarungseids“ durch die Worte „der eidesstattlichen Versicherung“ ersetzt.

15a Durch das Gesetz zur Änderung von Vorschriften des Justizkostenrechts vom 28. 12. 1968 — BGBl. I 1458 — wurde der nunmehrige Abs. 4 neu eingefügt. Er bestimmt, daß auch über Anträge auf Zwangsvollstrekkungshandlungen nach § 42 Abs. 1 Nr. 2 GKG, d. i. für das Verfahren über Anträge auf gerichtliche Handlungen der Zwangsvollstreckung gemäß §§ 791, 822, 823, 825, 829 Abs. 1, §§ 835, 839, 844, 846 bis 848, 857, 858, 885 Abs. 4, §§ 886, 930 Abs. 3, 934 ZPO, erst nach Zahlung der Gebühr des § 42 und der Auslagen für förmliche Zustellung entschieden werden soll. Wegen der einzelnen Zwangsvollstreckungsmaßnahmen vgl. § 42 Anm. 6 und wegen der Gebühr § 42 Anm. 7 bis 9. Die Auslagen für die förmliche Zustellung richten sich nach § 92 Nr. 2 GKG n. F. Die Vorschrift ist seit dem 1. 1. 1969 in Kraft.

zu 16 Durch das Gesetz zur Änderung von Vorschriften des Justizkostenrechts vom 28. 10. 1968 — BGBl. I 1458 — wurde der frühere Abs. 4 zum Abs. 5. Die Einfügung des Abs. 4 erwies es als notwendig, auch diesen Fall in die Regelung des nunmehrigen Abs. 5 einzubeziehen. Da sich die Vorschrift nicht nur auf Kläger, sondern auch auf Antragsteller bezieht, war es zweckmäßig, das Wort „Kläger“ durch das Wort „Antragsteller“ zu ersetzen.

Zu § 113 GKG n. F. (Seite 33 u. 726 des Kommentars):

§ 113

Vorschuß in Strafsachen

(1) In Strafsachen hat der Privatkläger oder derjenige, der als Privatkläger oder Nebenkläger eine Berufung oder Revision einlegt oder eine Wiederaufnahme des Verfahrens beantragt, einen Gebührenvorschuß in Höhe der Hälfte der in § 77 Abs. 1 bestimmten Gebühr für die Instanz zu zahlen. § 81 gilt entsprechend. Der Widerkläger ist zur Zahlung eines Gebührenvorschusses nicht verpflichtet.

2. Wer als Privatkläger das Verfahren nach §§ 440, 441 der Strafprozeßordnung betreibt oder als Privatkläger oder Nebenkläger in einem solchen Verfahren ein Rechtsmittel einlegt oder die Wiederaufnahme des Verfahrens beantragt, hat gleichfalls den in Absatz 1 bestimmten Gebührenvorschuß zu zahlen.

Zu § 113 GKG n. F. (Seite 730 des Kommentars):

zu 7 Durch das EGOWiG vom 24. 5. 1968 — BGBl. I 503 — wurde Abs. 2 den nunmehrigen Vorschriften der StPO angepaßt. Deshalb sind nunmehr statt der früheren §§ 430 bis 432 StPO, die nunmehrigen §§ 440, 441 StPO erwähnt. Eine sachliche Änderung ist dadurch nicht eingetreten.

Zu § 5 Abs. 3 der Justizverwaltungskostenordnung (Seite 796 des Kommentars):

§ 5 JVKostO

(1) (unverändert)

(2) (unverändert)

(3) Für die Versendung von Akten durch die Post wird ein Auslagenpauschbetrag von fünf Deutsche Mark je Sendung erhoben; dies gilt nicht bei der Versendung von Akten im Wege der Amtshilfe.

Anmerkung:

Absatz 3 Halbsatz 1 in der Fassung des Art. 3 des Gesetzes zur Änderung von Vorschriften des Justizkostenrechts v. 28. 12. 1968 — BGBl. I 1458 —, in Kraft seit 1. 1. 1969, Halbsatz 2 in der Fassung des Art. 10 des Kostenermächtigungs-Änderungsgesetzes v. 23. 6. 1970 — BGBl. I 805 —, gemäß Art. 34 Abs. 1 dieses Gesetzes in Kraft seit 26. 6. 1970.

Zu § 10 der Justizverwaltungskostenordnung (Seite 797 des Kommentars):

§ 10 JVKostO

(1) Kosten der Vollstreckung von Freiheitsstrafen und von Maßregeln der Sicherung und Besserung, die mit Freiheitsentziehung verbunden sind, werden unbeschadet des Anspruchs nicht erhoben, wenn der Gefangene die ihm zugewiesene oder ermöglichte Arbeit verrichtet oder wenn er ohne sein Verschulden nicht arbeiten kann. Hat jedoch der Gefangene, der ohne sein Verschulden während eines zusammenhängenden Zeitraumes von mehr als einem Monat nicht arbeiten kann, auf diese Zeit entfallende Einkünfte, so hat er die Kosten der Vollstreckung für diese Zeit bis zur Höhe der auf sie entfallenden Einkünfte zu entrichten, soweit nicht aus ihnen Ansprüche unterhaltsberechtigter Angehöriger zu befriedigen sind. Dem Gefangenen muß ein Betrag verbleiben, der der mittleren Arbeitsbelohnung in den Vollzugsanstalten des Landes entspricht, in Heil- oder Pflegeanstalten in der Höhe des Taschengeldes, das für in der Anstalt untergebrachte Sozialhilfeempfänger festzusetzen wäre. Von der Geltendmachung des Anspruchs ist abzusehen, soweit dies notwendig ist, um die Wiedereingliederung des Gefangenen in die Gemeinschaft nicht zu gefährden.

(2) Die Kosten nach Absatz 1 betragen für jeden vollen Tag des Vollzugs 6 Deutsche Mark, bei Selbstverpflegung 3,50 Deutsche Mark.

Anmerkung:

In der Fassung des Art. 10 des Kostenermächtigungs-Änderungsgesetzes v. 23. 6. 1970 — BGBl I 805 —, gem. Art. 34 Abs. 3 dieses Gesetzes in Kraft seit 1. 9. 1970.

Zu § 1 JBeitrO (Seite 803 des Kommentars):

§ 1 JBeitrO

(1) Nach dieser Justizbeitreibungsordnung werden folgende Ansprüche beigetrieben, soweit sie von Justizbehörden des Bundes einzuziehen sind:

1. (unverändert)
2. (unverändert)
3. (unverändert)
4. (unverändert)
5. (unverändert)
6. Ansprüche gegen Beschuldigte **und Nebenbeteiligte** auf Erstattung von Beträgen, die ihnen in den Fällen der §§ **465, 467, 467 a, 470, 472 b, 473** der Strafprozeßordnung zuviel gezahlt sind;
7. (unverändert).

(2) (Abs. 2 unverändert)

(3) (Abs. 3 unverändert)

(4) Werden zusammen mit einer Vermögensstrafe **oder Geldbuße** die Kosten des Verfahrens beigetrieben, so gelten auch für die Kosten die Vorschriften über die Vollstreckung der Vermögensstrafe **oder Geldbuße.**

(5) (Abs. 5 unverändert)

Anmerkung:

Geändert durch Artikel 43 EGOWiG vom 24. 5. 1968 — BGBl I 503 —, in Kraft seit 1. 10. 1968.

Zu § 7 JBeitrO (Seite 805 des Kommentars):

§ 7 JBeitrO

Die Abnahme **der eidesstattlichen Versicherung** und die Vollstreckung in unbewegliches Vermögen beantragt die Vollstreckungsbehörde bei dem zuständigen Amtsgericht. Der Antrag ersetzt den vollstreckbaren Schuldtitel. Eine Zustellung des Antrags an den Schuldner ist nicht erforderlich.

Anmerkung:

Geändert durch das Gesetz zur Änderung des Rechtspflegergesetzes, des Beurkundungsgesetzes und zur Umwandlung des Offenbarungseides in eine eidesstattliche Versicherung v. 27. 6. 1970 — BGBl I 911 —.

Sammlung Guttentag

Genossenschaftsgesetz

(Gesetz betreffend die Erwerbs- und Wirtschaftsgenossenschaften)

Kommentar. 29. Auflage, bearbeitet von Dr. jur. Horst Baumann, Rechtsanwalt Egon Metz. Mit Anmerkungen über die Wohnungsbaugenossenschaften von Rechtsanwalt Alice Riebandt-Korfmacher.

Oktav. 624 Seiten. 1971. Ganzleinen DM 48,—

Abzahlungsgesetz

6., neubearbeitete Auflage von Rechtsanwalt Dr. Fritz Ostler und Regierungsrat Jochen Weidner.

Oktav. XL, 672 Seiten. Ganzleinen DM 88,—

Handelsgesetzbuch

(ohne Seerecht) mit Erläuterungen

4. Auflage (21. Gesamtauflage). Nach dem Stande vom 1. 7. 1970 neu bearbeitet von Dr. Hans-Wilhelm Kötter, Ministerialrat a. D., o. Prof. der Rechte an der Universität Marburg/Lahn.

Oktav. XX, 1289 Seiten. 1971. Ganzleinen DM 98,—

Aktiengesetz

vom 6. September 1965

Kommentar begründet von Freiherr von Godin und Dr. Hans Wilhelmi. 4. Auflage neubearbeitet von Sylvester Wilhelmi. 2 Bände.

Oktav. 1971. Ganzleinen DM 194,—

Band I: §§ 1—178. XX, 1082 Seiten

Band II: §§ 179—410. Einführungsgesetz, Sachverzeichnis. IV, Seiten 1083—2197